成都教育丛书

在孔子的屋檐下
——《论语》思维教育导读

ZAI KONGZI DE WUYAN XIA
—— 《LUNYU》SIWEI JIAOYU DAODU

蒲儒剀　何春阳　袁记双　冷莉梅　蒲尚文／编著

四川大学出版社
SICHUAN UNIVERSITY PRESS

项目策划：梁 平
责任编辑：陈克坚
责任校对：傅 奕
封面设计：璞信文化
责任印制：王 炜

图书在版编目（CIP）数据

在孔子的屋檐下：《论语》思维教育导读 / 蒲儒刿
等编著．— 成都：四川大学出版社，2021.3
ISBN 978-7-5690-4461-4

Ⅰ．①在… Ⅱ．①蒲… Ⅲ．①儒家②《论语》—青少
年读物 Ⅳ．① B222.2-49

中国版本图书馆 CIP 数据核字（2021）第 072369 号

书 名	在孔子的屋檐下——《论语》思维教育导读
编 著	蒲儒刿 何春阳 袁记双 冷莉梅 蒲尚文
出 版	四川大学出版社
地 址	成都市一环路南一段 24 号（610065）
发 行	四川大学出版社
书 号	ISBN 978-7-5690-4461-4
印前制作	四川胜翔数码印务设计有限公司
印 刷	成都市天金浩印务有限公司
成品尺寸	148mm×210mm
印 张	7.75
字 数	205 千字
版 次	2021 年 5 月第 1 版
印 次	2021 年 5 月第 1 次印刷
定 价	45.00 元

成学 功有 之良 都教

丙申暮春 顾明远
成都市教育局

"成都教育丛书"学术顾问顾明远 2016 年 5 月题于成都

"成都教育丛书" 总序

　　成都是我国西部重镇，文化历史名城，历史悠久，人文荟萃。成都人历来重视教育，有建于二千一百多年前的文翁石室，也有 21 世纪以来建设的优质学校。新中国成立以后，特别是改革开放以来，成都教育有了巨大的发展，率先普及了九年义务教育，率先进入了教育相对均衡发展的行列，教育改革取得了丰硕成果。

　　为了记录成都教育改革发展的轨迹，总结成都教育改革和发展的经验和成果，体现成都教育的历史积淀，展示成都广大教育工作者的实践创新、典型经验和学术成就，成都市教育局正式启动"成都教育丛书"工程。这是一项有巨大意义的事件，它不仅记录了成都教育工作者辛勤劳动、取得巨大成就的足迹，而且丰富了教育学术宝库，为成都教育今后发展奠定可持续的基础，同时必将在全国教育界产生重大影响。

　　当前，我国教育正处于发展的关键时期。国家正在制定 2030 年全面实现教育现代化的规划。教育现代化主要体现在教育的全纳性、终身性、个性性、多样性、信息化、科学性、国际性、法治性等多个方面。坚持把立德树人作为教育的根本任务，培养具有社会责任心，有创新精神和实践能力，并具有国际视野的中国公民，关键是要树立现代教育的观念，树立"儿童第一""教育第一"的理念，以改革创新为动力，建设现代学校制度，改革人才培养体制和方式。要继承我国优秀文化传统，充分吸收世界优秀文化成果，建设具有中国特色的社会主义教育现代化体系。

　　我与成都教育有不解之缘。早在 20 多年前的 1996 年，在我任中国教育学会副会长之时，就应成都市青羊区教育局之邀，参加了青羊区教育综合改革的论证会，中国教育学会又在青羊区召开过学校、家庭、社会三结合现场会。2001 年我任中国教育学会会长以后，首先将青羊区作为中国教育学会的教改实验区，以后又将成华区纳入进来。自从 20 世纪 90 年代以来，我几乎每年都到成都。我到过青羊区、金牛区、锦江区、成华区、双流区、蒲江县，今年又到了青白江区。成都 20 多年来的教育改革和发展，可说我是真实的见证人。

　　"成都教育丛书"邀我作序，我觉得十分荣幸，就写上这几句，是为序。

2016 年 5 月 30 日

　　注：顾明远先生系著名教育家、中国教育学会名誉会长、北京师范大学教授、博士生导师。

前　　言

　　《论语》不仅仅是一本书，更是一间由孔子与他的弟子以及再传弟子合力建造的硕大无朋的屋子。智慧与知识、勇气、仁爱、正义、节制和精神超越等"幸福要素"位列其中，十分显眼。

　　仁爱，是《论语》这间大屋子里最丰盈、最温暖的物件。它的三个基本意涵均与"人"有关：人要真诚而不巧伪，才能觉察自己内在的源源不断向善的力量，即"天行健，君子以自强不息"；人要分辨善恶，要择善而从，要遵从自己的内心感受、对方期许和社会规范，一旦认定何者为善之后就得坚持下去而不妥协；人生最重要的是人的意义建构和价值实现，生命的意义不在长短，生命毁灭而价值生成，也就实现"仁"的理想，亦即"志士仁人，无求生以害仁，有杀身以成仁"了。

　　除了温暖的仁爱，《论语》里还有礼、德、智、信、勇、恒、君子、贤者、圣人、志与道、己与人、友与亲、师与生、义与利、生与死、儒与道、真善美以及为人处世、政治军事等诸多让我们心动、引领我们行动的话题。

　　上述诸多有价值的东西，如同珍珠一线贯穿后，方可成为完美的宝物。这个"线"应内在于《论语》元典，我们认为，《论语》文本虽系孔子弟子和再传弟子编订，但既然是孔子一生原生思想的呈现，其自身理当是有机的、完足的和自洽的；于是，我们试着以个体的"人"为原点展开思考，从"思"（思维、思考）的四个维度——"自我""他人""社会"和"哲学"展开构建，这就有了《在孔子的屋檐下——〈论语〉思维教育导读》（以下称《导读》）的四大板块或四个单元——自我之思、自我与他人、自我与社会、哲学之思。

在《导读》每个单元之下，设计了"课"与"条目"，课与课、条目与条目之间，均考虑到了逻辑关联性和关联度，以凸显"思维导读"的思维特色。

《导读》每一条目之下设置"原文呈现""难点注释""大意试译""思维评析"和"故事解读"五个模块。"原文呈现"中的条目以生活·读书·新知三联书店 2002 年 9 月版钱穆《〈论语〉新解》为文本依据，读者可比对阅读；"难点注释"针对该条目疑难字词作解释，便于读者深入理解，注释依据上海辞书出版社《辞海》和商务印书馆《古代汉语词典》，对元典字词理解无障碍的条目，则不作注释；"大意试译"对元典条目进行直译，个别实在难以直译的，则意译；"思维评析"主要从思维方式、思维策略、思维技巧以及内容理解等方面作解析和解说，帮助读者从思维视角深度学习，这是《导读》的重点模块和特色模块；"故事解读"是"思维评析"的延伸和补充，试图用较为感性、具体、易于为大家接受的案例，来强化"思维导读"的思维特色。

每课后设计有"思考与探究"和"练习与活动"两个模块。前者主要指向《导读》文本，就每课所学条目中有思辨价值的核心问题一至两个，设问引发大家思考，使思维能力得以训练、思维水平得以提升；后者则主要针对现实生活，就一至两个实际问

题或话题，设计出训练思维技能的项目，由学生独立完成或师生合作完成。

蒲儒剀

2018 年 1 月 29 日初稿

2020 年 6 月 23 日第一次修改

2020 年 11 月 6 日第二次修改

2020 年 12 月 13 日第三次修改

目　　录

第一单元　自我之思

第二单元　自我与他人

第三单元　自我与社会

第四单元　哲学之思

第一单元　自我之思

自我个体，是人的生命存在的最基本形式。以肉身为载体的生命，生、老、病、死，要个体自己承担；喜、怒、哀、乐，要各人切己体验。最为重要的是，要活得有价值，活出人生意义，每个人都必须在一定社会条件下，基于一定的价值判断做出选择，而判断和选择必然来自每个人的自我理性反思。

　　让我们来看看孔子和他的弟子们是怎样做的吧。

第一课 志与道

　　"朝闻道,夕死可矣",孔子一生追求仁道,矢志不渝。为了求证仁道,天下"礼崩乐坏",他逆向而行,发愤研读,孜孜以求,乐以忘忧;为了光大仁道,他广纳门徒,有教无类,诲人不倦;为了践行仁道,陈蔡绝粮受困,桓魋发出死亡威胁,他弦歌不止,坦然面对;为了自己的信念,直至生命最后阶段,他著书立说,韦编三绝……

　　【原文呈现】子曰:"人无远虑,必有近忧。"
　　【大意试译】先生说:"人要是没有长远的规划,必然会有眼前的忧患。"
　　【思维评析】我们每个人都要有自己的人生规划,都要有自己的"人生目标",而且还得进一步把人生的总目标细分为人生的"阶段目标",有了"阶段目标",还得落实到一个个具体的行动和细节中去。
　　孔子的话是从反面说明,人要善于把人生中规划与目标的远和近、大和小联系起来思考,才能行稳致远。
　　【故事解读】卡尔·马克思是影响世界历史的德国思想家,

他在学生阶段就显示出思想家的特质。1835 年秋天，中学毕业前夕，马克思写过一篇题为《青年在选择职业时的考虑》的文章。他认为，职业选择不是随随便便的事，而是关系到每个人的生活目的和未来生活道路的大事情，因此不应该由一时兴趣驱动，就决定自己要做什么或不做什么，而是首先要以严肃的态度来对待，同时必须清醒地预估自己的能力。马克思还认为，人只有为同时代人的完美、为他们的幸福而工作，自己才能达到完美。如果一个人只为自己劳动，他也许能够成为著名的学者、伟大的哲人、卓越的诗人，然而他永远不能成完美的、真正伟大的人物。①

可以推想，马克思后来之所以影响世界历史，与他在中学时对自己的人生就有了理性思考有关。每当进入人生新阶段，我们要早早地规划自己的人生。

【原文呈现】子曰："三军①可夺帅也，匹夫②不可夺志也。"

【难点注释】①三军：春秋时期骑马打仗的前军（负责开路的先锋营）、中军（统帅所处的大军）、后军（全军的主要军用物资、工匠以及大量民工）三个兵种。②匹夫：男子汉，有志气的人。

【大意试译】先生说："三军之众，可以剥夺其主帅的权力，却休想剥夺一个男子汉的意志和志向。"

【思维评析】孔子这句话，从"三军"之帅可夺，而"匹夫"之志不可夺的对比中，看出一个人的立志是多么重要与必要。

【故事解读】梁漱溟（1893—1988），汉族人，原名焕鼎，字寿铭、萧名、漱溟，祖籍广西桂林，出生于北京，是著名的思想

---

① 中共中央马克思恩格斯列宁斯大林著作编译局编译：《马克思恩格斯全集（第一卷）》，北京：人民出版社 1995 年，第 455～460 页

家、教育家、社会活动家、爱国民主人士。十六七岁时，他很喜欢看广智书局出版的《三名臣书牍》（编者注：三名臣指曾国藩、胡林翼、左宗棠三人）和《三星使书牍》（编者注：三星使指郭嵩焘、曾纪泽、薛福成三人），在两书书页空白处留下了密密麻麻的批注手迹，在批注文字中，梁老特别推崇胡林翼和郭嵩焘二人一生具有的勇于担当、不辞劳怨、远见卓识、实事求是的个性品质和人格志向。

受到启发的梁漱溟，一生践行胡郭两位的人格精神，成为"中国最后一位儒家"。梁漱溟正是通过读书修炼自己的品性的。当然，阅读是要有选择的，而判断的标准首先在于是否有利于提升人格素养。

【原文呈现】子曰："岁寒，然后知松柏之后凋①也。"

【难点注释】①凋：凋零，凋谢。

【大意试译】先生说："要到了一年里最寒冷的季节，才知道松柏是最后失去绿意的。"

【思维评析】孔子认为，人是要有志气和骨气的。有远大志向的君子，就像松柏那样，不会随波逐流，而且能够经受住各种各样的严峻考验。

这句话，把抽象的道理用形象的语言表达出来了，语言浅近而旨趣深远。

【故事解读】"人生自古谁无死，留取丹心照汗青"是文天祥用曲折的生命历程和不屈的人格气节写成的诗句。文天祥抗元被俘，后来，他只身逃脱继续抗元，又因为叛徒引来元兵，再次被俘，元将张弘范威逼其招降张世杰，他写下包括前述诗句的《过零丁洋》一诗明志。

之后，元统治者将他囚禁折磨达三年之久，让其读被俘妻女的信，又让已降元的弟弟来狱中探望，文天祥作《正气歌》以对。

最后，元世祖忽必烈亲自劝降，文天祥断然拒绝，气急败坏的元世祖下令立即处死文天祥。临刑前，监斩官说："文将军，你现在改变主意，不但可免一死，还依然可当丞相。"文天祥怒斥道："死就死，还说什么鬼话！"于是，文天祥面南而慷慨就义。

文天祥面对功名利禄的诱惑和生死的考验，表现出了忠于民族的大义与个人意志的坚不可摧。现代人面对进退、取舍、利害等两难选择时，也会考验其定力和品性。

【原文呈现】子曰："譬如为山，未成一篑，止，吾止也。譬如平地，虽覆①一篑②，进，吾往也。"

【难点注释】①覆：倾倒。②篑（kuì）：用来装土的竹筐。

【大意试译】先生说："（立志完成某项任务或面对某个目标）好比堆土成山，只差一筐土就堆成了，停了下来，这是我自己停止了。又好比在平地，先只堆着一筐土，又继续向前堆，这也是我自己在向前堆的呀。"

【思维评析】孔子在这里用堆土成山这个比喻，说明"立志在己"的道理。有句大家耳熟能详的话——"有志之人立常志，无志之人常立志"，要想成为真正的"有志之人"，就必须根据自己所处的客观环境和自己所具备的主观条件，经过自己的理性深思而确立自己的合适的学业、人生的目标和方向，既不能盲目跟风、人云亦云，更不要让别人越俎代庖来帮你"立志"；否则你的人生和学业就会处在"常立志"的飘忽不定的"无志"状态。

【故事解读】传说中，精卫本名叫女娃，是太阳神炎帝的小女儿。炎帝掌管太阳，还管五谷和药材，女娃很想让父亲带自己到东海边上去看看大海，看看太阳升起的地方，炎帝总是太忙找不出时间。

精卫便自己驾着一只小船向东海那太阳升起的地方划去。碰巧海上起了风暴，精卫不幸被大海吞没了。

她没有忘记是大海夺去了自己的生命……一刻不停地从她住的发鸠山上衔起一粒粒小石子、一段段小树枝，把石子和树枝投到大海里，下决心要把它填平。大海奔腾着，咆哮着，嘲笑她说："小鸟儿，算了吧，你这工作就算干一百万年，也休想把我填平。"精卫在高空对大海说："哪怕是干上一千万年，一万万年，干到宇宙的尽头、世界的末日，我终将把你填平！"

精卫虽力量渺小，但她志向远大。一个人如果能够立常志、立大志，并一直坚持行动，必然会成就一番事业，甚至是大事业！如果你不想平平庸庸度过自己的生活，那么请立下属于自己的志向吧。

【原文呈现】子谓颜回，曰："惜乎！吾见其进也，未见其止也。"

【大意试译】先生谈到颜渊时，感叹道："他死了真可惜啊！我只看到他向前，没见过他停下呀！"

【思维评析】颜渊给我们树立了一个立志的正面的榜样。我们惯常的思路是，人一旦确立了人生或学业目标之后，就应心无旁骛地奔向它；或者，在一些关键的节点上，我们必须敢于并善于咬牙攻克自己遇到的难题、渡过似乎难以逾越的难关！

但其实，我们还应该注意的是，在人生、学业或工作的途中的适时地、间或地停顿，我们必须记住"一张一弛"才是文武之道，人生、学业、工作都不能太"满"。

孔子用一个"惜"字，显然想告诉我们的是后一方面的内容，因为这往往容易被大家所忽略；想一想，我们是不是也干过只知一味地、过头地"进取""努力""奋斗"的"傻事？"

【故事解读】《平凡的世界》是著名作家路遥历时数年创作的一部反映中国当代城乡生活的鸿篇巨制，小说夺得中国最高文学奖"茅盾文学奖"，又被改编，拍成影视作品。除了《平凡的世界》，路遥还用二十多个昼夜创作完成了十三万字的中篇小说《人生》，主人公高加林深入人心，影响面广。

为了创作，路遥付出了自己的一切。首先是他的身心与健康。写《平凡的世界》第三部初稿时，路遥身体已虚弱至极，他腿部抽筋，右手痉挛，手指扭曲，只得用热水来"化开"，才能抓住笔继续写下去……他极度的贫穷，没有常态的家庭生活。当《平凡的世界》获得茅盾文学奖时，靠别人资助路费才得以到北京领奖。他专注于创作，生活毫无规律，爱人离他而去……最令人遗憾的是，年仅42岁，就肝硬化，消化道出血，医治无效而走完了他悲壮的人生旅程。

可以设想，如果路遥不那么快就熄灭了自己的生命之火，他给中国文学史恐怕会留下更多有价值的东西。

【原文呈现】阙党①童子将②命。或问之，曰："益者与③？"子曰："吾见其居于位④也，见其与先生⑤并行也，非求益者也，欲速成者也。"

【难点注释】①阙党：鲁国地名。一说，即阙里，孔子家乡。②将（jiāng）命：传达信息，传话。③与：同"欤"。④居于位：坐在席上。古代礼节，大人可以有正式席位，儿童没有席位。⑤先生：对前辈的尊称。

【大意试译】阙党那里的一个儿童来向孔子传信。有人问孔子道："这小孩是求上进的吗？"先生说："我看见他坐在成年人的席位上，又看见他同长辈并肩而行。这不是个求上进的人，只是一个急于求成的人。"

【思维评析】当我们面对目标并径直走向目标，是"求成"；面对远大的目标而行动，是求"益"、求上进；"求成"无可厚非，求上进当然更得鼓励，但急于求成就值得警惕了，因为急躁冒进会有欲速不达的危险；况且，急于求成的人，往往品性修炼不够成熟;成熟的人为人做事是稳健的、稳重的。——这是一个从反面警示我们修炼自己的典型例子。

【故事解读】张爱玲说过一句"出名要趁早呀!来得太晚的话,快乐也不那么痛快"。看完里尔克与罗丹的故事后,你对这句话也许会有新的认知。

27岁的诗人里尔克应聘去给62岁的画家、雕塑大师罗丹当助理,初出茅庐的里尔克猜想,名满天下的罗丹一定过着十分浪漫、疯狂、与众不同的生活,但他看到的真实的大艺术家罗丹竟是一个整天孤独地埋头于画室的老人。里尔克问罗丹:"如何能够寻找到一个要素,足以表达自己的一切?"罗丹沉默片刻,然后极其严肃地说:"应当工作,只要工作。还要有耐心。"

张爱玲的话,曾鼓动了一些热血青年趁青春年少奋发作为,但它同样可能鼓动了一些年轻人急于求成、急躁冒进,因而也耽误了多少人的青春啊!

【原文呈现】子曰:"朝闻道①,夕死可矣。"

【难点注释】①道:指某种真理,即儒家之道,系指社会、政治的最高原则和做人的最高准则,这主要是从人伦道德意义上说的。

【大意试译】先生说:"人如果早上明白了真(道)理,即使晚上就死去也是值得的。"

【思维评析】这一段话常常被人们引用,它告诉我们的是,人的一生应该有积极的价值追求,而不应当仅仅用活着的时间长度来衡量其价值;真理的价值与生命同等重要,真理是可以用生命来换取的。

【故事解读】史铁生是当代中国最令人敬佩的作家之一,在近60年的生命历程中,他有接近40年是在轮椅上度过的,他曾自嘲"职业是生病,业余在写作",凭着生命的执着,他著有

《务虚笔记》《我的丁一之旅》和《命若琴弦》等小说集，《我与地坛》《记忆与印象》和《扶轮问路》等散文集，还著有电影剧本《多梦时节》（与人合作）、《死神与少女》等以及长篇随笔《病隙碎笔》。

直到生命的最后一刻，史铁生脸上总是充满祥和的微笑。在笔端，他留给我们的是，笑对生命的苦难，在苦难中看透苦难，对生活的挚爱，并最终在苦难中涅槃，用生命诠释生命之道。

【原文呈现】子曰："人能弘道①，非道弘人。"

【难点注释】①弘：弘扬，光大。

【大意试译】先生说："人能弘扬仁道，不是仁道来弘扬人。"

【思维评析】人必须首先修养自身、充实自己、提高自己，才可以把道发扬光大，反过来说，以道弘人，不主动去做、不从自己的"心"开始，把所谓"道"用来装点门面，哗众取宠，那就不是真正的君子的作为了！人与道，这两者的关系是不可以颠倒的。

【故事解读】《孟子·卷七·离娄上》有"师旷之聪，离娄之明"之说，传说师旷可以听到天庭之音，他同时精通鸟兽语言，他抚琴时，能使凤凰来仪，是顺风耳的化身。

一次，晋平公问师旷说："我已经七十岁了，想要学习，但是恐怕已经晚了。"师旷回答说："为什么不点上蜡烛呢？"平公说："哪有做臣子的和君主开玩笑的呢？"师旷说："我是一个双目失明的人，怎敢戏弄君主？我曾听说：少年的时候喜欢学习，就像初升的太阳一样；中年的时候喜欢学习，就像正午的太阳一样；晚年的时候喜欢学习，就像点蜡烛一样明亮，点上蜡烛与暗中走路，哪个好呢？"平公说："讲得好啊！"

师旷"讲得好"，好就好在劝人坚持对学习的追求。

【原文呈现】子曰："道不同，不相为谋。"

【大意试译】先生说："人生主张（理想、方向、道路）不同，不能互相商议谋划。"

【思维评析】其实，孔子只说对了一半，世上的事（物），除有"相辅相成"的，还有"相反相成"的。想想吧，火箭的发射靠的不正是反方向的推动力达成升空的目标吗？世界观、人生观、价值观"三观"不同甚至相反的人或力量，不也可以成为激励或助推自己实现目标的有效资源吗？当然，这说来容易做来难，真正要做到这一点，需要开阔的胸襟、决断的胆识和十足的勇气。

【故事解读】林肯是美国历史上颇负盛名的总统。在林肯发表就职演说时，一位议员傲慢地对他说："林肯先生，你只不过是一个鞋匠的儿子，我希望你能记住。"这时所有议员都大笑起来，待笑声停止后，林肯平静而诚恳地对那位议员说："谢谢你的提醒，你的提醒再次让我想起了我的父亲，尽管他已经过世了，但是我知道我做总统永远都无法像我的父亲做鞋匠那样出色。我一定记住你的忠告：我永远都是鞋匠的儿子。"

林肯的故事是借力打力的典型例子。人生旅途上，遇到看似坏事的反向力量，要"借力打力"，变坏事为好事。其实，在儒道、正反、刚柔、内外、虚实、圆方、进退、输赢、劳逸、逆顺等看似矛盾的范畴之间，总是存在"关联"与"统一"，当人处于种种纠结与矛盾中时，能迅速找到具体的联结点或通道，你的人生智慧必然爆棚。

读《论语》等经典，千万不可读"死"了，用审视和批判的眼光来思考是必要的。

【原文呈现】子曰："士①志于道，而耻恶衣恶食者，未足与议也。"

【难点注释】①士：读书人。

【大意试译】先生说："读书人立志追求人生理想，却又以自己穿的衣服不好、吃的饭菜不好为耻辱，这种人是不值得与他谈论的。"

【思维评析】精神价值追求和物质利益追求并不必然冲突，一般情况下二者可以兼顾。但如果当二者难以兼顾时，特别是精神追求迫使人放弃更多物质享受时，要勇于舍弃物质享受！

【故事解读】阿尔伯特·爱因斯坦是著名的现代物理学家。成名之前，他衣着朴素随便，一位朋友提醒他说："你应该添置一件大衣，否则难以引人注目。"他笑笑说道："我本来就默默无闻，就是穿得再漂亮也没有人会认识。"几年后，他成了大科学家，但仍然和从前一样，衣着简朴随意，那个朋友再次提醒他，快去做件像样的大衣，使之与自己的身份相符，他还是笑笑，回答说："现在即使穿得再随便些，同样也会有人认识我。"

读这个故事，很容易联想到"衣帽党"。那些一味靠修饰、装扮自己的外表来展现自己的人，与爱因斯坦相比真是相差甚远。强烈反差的背后，是各自人生的价值取向在起作用，大家可不要小看了这个"三观"之一的"价值取向"，它会决定你的人生高度和人生境界。

【原文呈现】子曰："参乎！吾道一以贯①之。"曾子曰："唯②。"子出，门人问曰："何谓也？"曾子曰："夫子之道，忠③恕④而已矣。"

【难点注释】①贯：贯穿。②唯：是的，表示应答。③忠：尽心诚意，为自守之德。④恕：将心比心，对别人宽容，为待人之德。

【大意试译】先生说："参啊！我主张的道，都贯穿了一个基本概念。"曾子说："是的。"先生出去后，在座的学生问曾参说："那是什么意思？"曾子说："夫子主张的道不过尽心诚意的自守

之德和将心比心、对别人宽容的待人之德罢了。"

【思维评析】忠恕之道，是孔子思想的重要内容，一般解释为"待人忠恕"，失之笼统，其实，作为"仁"的基本要求，逻辑上它包含"自守——尽己以待人"和"待人——推己以及人"两个方面。

【故事解读】巴金被誉为"二十世纪中国文学的良心"，他用自己的一生中一个世纪的时光，践行了"爱国"和"说真话"的人格理想和价值选择。1979 年，他率中国作家代表团访问法国巴黎，故地重游，感慨良多，然而，他说："每天早上坐在窗前，自己看到的虽然是巴黎街景，但想到的却是北京的长安街、上海的淮海路、成都的双眼井……"

作为作家，巴金从 1929 年发表第一部小说《灭亡》开始，到他的代表作《家》《春》《秋》以及晚年的《随想录》等，可谓著作等身，其中有小说、散文、随笔诸多种类，但"说真话"一直贯穿始终。他说年幼时自己有两个老师：一个是母亲，她使自己懂得了爱和宽容；另一个是家里的轿夫老周，老周说"要好好地做人，对人要真实，不管别人待你怎样，自己总不要走错脚步"，"火要空心，人要忠心"，这些话影响了自己一生。

爱、爱国、真诚等，永远都是为人的最基本品格，但是真的要坚持却非易事。

【原文呈现】子贡问曰："有一言而可以终身行之者乎？"子曰："其恕乎？己所不欲，勿施于人。"

【大意试译】子贡问道："有没有一个可以终身奉行的准则呢？"先生说："怕只有'恕'字吧！你自己所不想要的，也不要施加给别人。"

【思维评析】这一部分内容对"恕"作了进一步解说。如果做拆字解，"如心曰恕""中心曰忠"（《周礼·大司徒疏》）。恕，

通俗地说，就是将心比心。这可以说是孔子的独创，而且对后人影响很大，成为处理人际关系的一条准则，也是儒家道德伦理的一个特色。

【故事解读】 1926 年初，梁启超病情日益加重，不得不进入当时国内最好的西医医院——北京协和医院治疗。此前，有人劝他服用中药，也有人建议他出国治疗，但他坚持选择了协和医院，做此选择，他有一深层考虑：他自己信西方科学和西医，此时正好身体力行。很不幸的是，治疗竟然出现重大失误——医生错把他健康的肾切除了，只留下了一个病变的肾！因此，出院之后，梁启超病情不仅丝毫未见好转，反而有加重的趋势。

消息传出，当时的各大报刊纷纷撰文谴责协和医院，然而谁也没有料到，作为受害者的梁启超，竟极力为协和医院解释，劝大家不要再追究此事。

当时，中国大多数普通百姓不懂科学为何物，盲目排斥西医。梁启超身为公众人物，如果他说出事故真相，对于初入中国的西医，可谓致命打击。在不推广现代医学或让自己失去生命的两难选择上，梁启超毅然选择了宽恕与牺牲，这让我们痛惜、震撼，更让人肃然起敬。

【思考与探究】

"立志"，是老师和家长们教育学生（孩子）的"热词"。请你围绕"自己的志向是什么——何以要立这个志向——怎样实现这个志向"的基本思路，思考自己的志向。

【练习与活动】

1. 请以"少年心事当拿云"为题目，写一则学习本课的感想。字数和文体不限。

2. 选择一位本地文化名人，去参观他的故居或纪念馆，并读读他的传记，实际感受人生中"立志"的重要性。

第二课　学与思、用

　　学习，是学生的惯常行为；思考，却不一定是与学习相生相伴的行为。好多时候，我们虽然在学习但思考并没有发生——这样的学习是低效的，甚至无效的。同时，学习应该与我们所处的现实环境、所遇到的实际问题相关联，不可以成为脱离实际的空中楼阁。

　　学习且思考，还要关注现实。孔子给我们做出了好榜样，他给我们支了哪些"招"呢？

　　【原文呈现】子曰："古之学者为己，今之学者为人。"

　　【大意试译】先生说："古代的学习者修学为了修养自己，今天的学习者学习却为了给别人看。"

　　【思维评析】孔子赞成学习的目的是"为己"——满足学习者自己的内心需要，主要是告诉我们，学习要诚心，要把追求知识本身作为目的；当然他并未一概否定学习的目的可以指向"为己"以外的"为人"，即追求外在功利目的的学习，只是前者重于后者，而后者不可以重于前者。

　　【故事解读】读过小说《围城》吗？它的作者钱锺书是一位特立独行的大学问家。当年《围城》出版发行，产生了轰动效应。有一天，一位外国女学者执意拜访他，钱锺书说："如果你吃到一个鸡蛋，觉得好吃，你又何必去认识下蛋的母鸡呢？"钱锺书用这句话回复女学者并拒绝了她的拜访。

不难看出，钱老之所以要不同寻常地隐藏自己的本事和学问，恐怕正在于，他认为满腹经纶不是"为人"（为身外的名声、名利而学）——拿来撑面子"显摆"的，而是"为己"（提升自身修养）而学的。

【原文呈现】 子曰："攻①乎异端②，斯③害也已④。"

【难点注释】 ①攻：攻击；也可解释为"攻读、钻研"。②异端：相对立的一方学说。③斯：连词，这就。④已：停止。

【大意试译】 先生说："专向相对立的一方学说用力攻读（攻击），那就有害了。"

【思维评析】 对这一部分内容的解释，历来各家众说纷纭。我们采纳钱穆、李泽厚的基本观点，即孔子强调做学问时要兼收并蓄、博采众长——特别是对立于自己一方的观点，不可固守于一个方面而孤陋寡闻；因为孔子平常谈修养和学习，总是把"仁与礼""文与质""学与思"等并举，其实就是辩证思维方式中联系的观点，形成"相反者相成"的思维策略；后来《中庸》中的"执其两端，用其中于民"，就是这一思维方式和策略的沿袭。

【故事解读】 某一日，老子与孔子行至黄河之滨。

孔子伫立黄河岸边，叹息人生苦短，功业未成。

老子对孔子说："你何不学学水的德行呢？"

孔子问："水有什么大德呢？"

老子说："上善若水，水善利万物而不争，处众人之所恶，此乃谦下之德也；故江海所以能为百谷王者，以其善下之，则能为百谷王……"

孔子闻此，恍然大悟道："先生此言，使我顿开茅塞也——

众人处上，水独处下；众人处易，水独处险；众人处洁，水独处秽。所处尽人之所恶，夫谁与之争乎？此所以为上善也。”

老子点头说：“你是可教之人啊！”

相传孔子与老子先后有三次相会。孔子是儒家创始人，老子则是道家始祖。一般人的印象是，二者异道而不相安，而事实上，互为“异道”“异端”者，是可以相通、相互学习的；上述孔子与老子相会的故事深刻揭示出这一道理。

【原文呈现】子曰：“学如不及，犹恐失之。”

【大意试译】先生说：“研习学问如同追赶什么怕追不上一样，追上了还总怕丢了它。”

【思维评析】这一部分内容讲的是一种学习的心理状态和态度，即一种如痴如醉的沉浸状态和倾情投入的态度。

【故事解读】陈景润是中国著名数学家，当年以证明“哥德巴赫猜想”为全世界所知。其读书入迷、视研究学问为生命的形象，鼓舞着众多学子刻苦学习、潜心研究。

有一天，陈景润吃了早饭，带上两个馒头、一点咸菜，到图书馆去了。他来到图书馆里，找到一个安静的地方，埋头看起书来……一直看到中午，觉得肚子有点饿了，就从口袋里掏出馒头，一边啃，一边看书。下班的铃声响了，管理员大声喊：“下班了，请大家离开图书馆！”人家都走了，可是陈景润根本没听见，还是一个劲地在看书。管理员以为大家都离开图书馆了，就锁上图书馆的大门，回家去了。

后来的情况是，陈景润在图书馆里打电话向党委书记求助，书记派人打开门“营救”，他才走出了图书馆。

读书入迷，会有意想不到的“高峰体验”，而这种体验，就是幸福的感觉，你是否有过这种难得的体验？

【原文呈现】子曰："知之者，不如好①之者。好之者，不如乐②之者。"

【难点注释】①好（hào）：喜爱。②乐：心里极喜欢而陶醉于其中。

【大意试译】先生说："对于任何学问事业，懂得它不如喜爱它，喜爱它不如陶醉于它。"

【思维评析】"知"即有理性认知，"好"即喜欢、有兴趣，"乐"即沉迷其间、乐此不疲，三种不同的境界会带来迥然不同的体验与收获。孔子在这里没有具体指称，应是泛指修养、学问、技艺等。事实上，修炼品性、学习知识、习得能力、掌握技艺乃至我们的生活与人生，何尝不是如此！

这一部分内容在比较中强调"沉醉"和痴迷的重要。

【故事解读】上中学时，朱自清极其喜欢读书。当时家里每月给他一元零花钱，他大部分都拿去家乡的广益书局买书了，后来到北京大学读书仍然如此。一个阴沉的午后，朱自清去琉璃厂逛书店，在华洋书庄看到一部新版的《韦伯斯特大字典》，定价十四元，这对一个念书的学生实在不是个小数目——手头没这么多钱，可书又想买下，想来想去，自己值点钱的就那件皮大衣了——这是父亲在朱自清结婚时为他做的，紫貂皮，水獭领。他有些踌躇，但想到将来准能将它赎回来，就毅然将大衣拿到了当铺。当铺在学校后门，转身就到，因为想到将来要赎回来，他便以书价作当价：十四块。大衣当然远远不止这个价，当铺的人即刻付了款。拿上钱，朱自清急急去把那本《韦伯斯特大字典》抱了回去。后来的情况是，那件凝聚着父亲心血的大衣，最终并没有赎回来。

现在想想，朱自清成为清华大学教授、一代大师，其深厚学养应当与他年轻时对书和对读书的痴迷有极大的关系。

【原文呈现】哀公问："弟子孰为好学？"孔子对曰："有颜回者好学，不迁怒①，不贰②过，不幸短命死矣，今也则亡③，未闻好学者也。"

【难点注释】①迁怒：自己不如意时拿别人出气。迁，转移。②贰：二，再次，重复。③亡：同"无"。

【大意试译】鲁哀公问孔子："你的学生里哪个好学？"先生回答说："有个叫颜回的学生好学，不迁怒于别人，不再犯同样的错误。不幸短命死了。现在就没有这样的人了，再没有听说过有谁好学了。"

【思维评析】孔子的得意门生颜回是我们的学习典范，其主要学习品质是不迁怒别人、不再犯同样的错误。前者是强调从自己身上找原因，后者是要有错即纠以提高学习质量。

【故事解读】我们都知道唐太宗李世民与魏徵是一对君臣"好搭档"，李世民被誉为明君，魏徵则是贤臣，却很难想象这明君贤臣二人之间还有过冲突。一次，上朝时，魏徵跟唐太宗争得面红耳赤。退朝回到内宫后，憋了一肚子气的唐太宗气冲冲地对长孙皇后说："总有一天，我要杀死他！"长孙皇后问："不知陛下想杀哪一个？"唐太宗说："魏徵！魏徵！他总是当着大家的面侮辱我，我实在受不了啦！"长孙皇后听了，没吭声，回内室去换了朝服向太宗下拜。唐太宗惊奇地问道："你这是在做什么？"长孙皇后说："我听说有了英明的天子，才有正直的大臣，现在魏徵这样正直，正说明陛下英明，我当然祝贺陛下了！"这番话就像清凉的水，把太宗的怒火浇灭了。

后来的情况是，唐太宗没有记恨魏徵，二人成为中国历史上的模范君臣搭档。

唐太宗接受了魏徵的直言进谏，没有重蹈隋炀帝的覆辙，在长孙皇后的劝解之下做到了不迁怒于别人，虽然这很难做到，但一旦做到了，不仅会有利于自己的人生，更会有利于他

人甚至国家。

【原文呈现】 子曰："学而不思，则罔①。思而不学，则殆②。"

【难点注释】 ①罔：同"惘"（wǎng），迷惑。②殆（dài）：危险。一说疑惑。

【大意试译】 先生说："只是学习却不思考，就会迷惑；只是空想却不学习，就会有误入歧途的危险。"

【思维评析】 孔子认为，在学习的过程中，学和思不可偏废。他指出了学而不思的局限，也道出了思而不学的弊端，主张学与思两相结合。只有将学与思相结合，才可以使自己成为有道德、有学识的人。

康德也说："感性无知性则盲，知性无感性则空。"可见，东西方智慧是相通的。

【故事解读】 蒂莫西·亨特是英国科学家，2001 年获得诺贝尔生理学或医学奖。一次亨特来到公园，他发现那里鹿的角很漂亮，于是对鹿角发生了兴趣，他上去摸了摸，发现鹿角居然是热的；亨特很惊讶，为什么鹿角是热的呢？他开始仔细观察，发现鹿角里布满了血管。亨特想，如果把鹿角的侧外颈动脉系住一段时间，会发生什么呢？

按照自己的想法，他做了一个实验，把一个鹿角的侧外颈动脉系住，发现鹿角顿时冷了下来，在接下来的一段时间内不再生长了，但是，过了几天鹿角又变暖和了。亨特由此发现，原来并不是系带松动了，而是附近的血管扩张输送了充足的血液。进一步研究后，亨特又发现了侧支循环及其扩张的可能性，在这个发现的指引下，进而产生了外科学上的"亨特氏手术法"。

这个故事告诉我们，科学发明发生在观察与思考的交互中。

好的学习又何尝不是发生在学习与相关的思考、反思的互动中呢？

【原文呈现】子曰："吾尝终日不食，终夜不寝，以思，无益，不如学也。"

【大意试译】先生说："我曾经一整天不吃饭，一整夜不睡觉，来冥思苦想，这样没什么益处，不如去学习啊。"

【思维评析】这一部分内容又进一步深入阐述了学与思的关系。思是理性思辨活动，它必须与行为、实践结合，不能脱离实际而空想，学习上的空想主义必然失败，最好的学习方法就是去学习——所谓"在游泳中学习游泳"；同时，我们也要向西方人学习，学习他们擅长的理性思辨。荀子《劝学》一文里的相关表述可与这一部分内容参照理解。

【故事解读】一次，一个不会游泳的人向一位水手请教如何游泳。水手告诉他：这太简单了，你很快就可以学会的。

水手把这个人带到海边，来到沙滩上，蔚蓝、辽阔的大海就在眼前。只见水手飞也似的冲进了波涛里，那个学游泳的人却呆坐在沙滩上，动也不动。水手向他高喊："来啊，快过来！"这个人说："你还没有教会我游泳呢！我怎么可以到海里呢？"

最终，这个人并没有学会游泳。

这说明：不下水，永远也不会游泳。一个人，需要学习的东西太多了，若是一味害怕、担心、不敢尝试，终将一事无成，更不能体会到学习中获得成功时的满足和快乐。

【原文呈现】子曰："吾有知乎哉？无知也。有鄙夫①问于我，空空如②也，我叩③其两端④而竭焉。"

【难点注释】①鄙夫：鄙陋无知的人。②空空如：空空的样子。如：……的样子。③叩（kòu）：反问。④两端：指两头、

上下、本末等。

【大意试译】先生说："我有知识吗？我实在没什么知识。有个无知的人问我，我脑子里空空的，一无所知，我只就他所问，从他所疑的两端反过来叩问他，一步一步问到穷竭处，就有答案了。"

【思维评析】孔子本人并不高傲自大。事实也是如此，人不可能对世间所有的事情都十分精通，因为人的精力是有限的。但孔子有一个分析问题、解决问题的基本方法，就是"叩其两端而竭"，只要抓住互相矛盾的地方或问题的两个极端，就可能求得问题的解决。这种方法，是一种十分有意思的思维（想）策略和思维方法。

【故事解读】苏格拉底的弟子色诺芬在《回忆苏格拉底》一书中，记述了苏格拉底与学生围绕"正义"与"非正义"的一次对话：苏格拉底让学生列出两行——一行为"正义"，另一行为"非正义"。他首先问："虚伪"归于哪一行？学生答：非正义。苏格拉底又问，偷盗、欺骗、奴役等应归于哪一行？学生答：非正义。

苏格拉底反驳道：如果将军惩罚和奴役了敌人，战争中偷走了敌人的财物，或者作战时欺骗了敌人，这些行为是不是非正义的呢？学生得出结论：正义的，而这样对待朋友则是非正义的。苏格拉底又提出，在作战时，将军为了鼓舞士气，谎称援军快到了欺骗士兵，避免了士气消沉；父亲哄骗自己的孩子吃药，使之恢复了健康；一个人怕朋友自杀，将朋友的剑偷走，这些行为又归于哪一行呢？学生得出结论：都是正义的。

这样，苏格拉底最后迫使学生们收回了自己原来的主张。

以上这种思考方法也称"助产术"。"助产术"是西方最早的启发式教育，中国最早的启发式"助产术"教育是孔子的"不愤不启，不悱不发"和"叩其两端而竭"，只是"助产术"侧重启发别人，孔子在这里是启发自己。

【原文呈现】子曰："诵诗三百①，授之以政，不达②。使于四方，不能专对③。虽多，亦奚以为?"

【难点注释】①诗三百：《诗经》有三百多篇，人们常以"诗三百"来指代《诗经》。②达：通达，通晓；能应用，处理得好。③专对：根据具体的外交场合，随机应变，交涉外交事务。

【大意试译】先生说："诵习了《诗经》三百篇，交给他政务，却办不好；到四处出使，不能独立谈判应对；虽然多学了别的许多诗，又有什么用呢?"

【思维评析】诗，是孔子教授学生的主要内容之一。他教学生诵诗，不单纯是为了诵诗，而是为了把诗的思想运用到指导政治和外交活动之中。儒家不主张死背硬记，当书呆子，而是要学以致用，将其运用到社会实践中去，当然，运用还有一个前提，就是思考。美国教育家华特·科勒涅斯说："语文学习的外延与生活相等。"我们说：学习的外延与生活等同，在生活中思考和运用就是学习。

【故事解读】田仲是战国时期一个自命清高的齐国人，他不愿意与达官贵人为伍而隐居乡间。有一天，宋国的屈谷去见他，对他说："我是个种葫芦的庄稼人，没有什么别的本事，葫芦种得不错。现在，我特意送您一只大葫芦——它坚硬得像石头，皮很厚实，里面没有空隙。"

田仲对屈谷说："嫩的葫芦可以吃，老了就不能吃了，其最大的用途就是盛放东西，现在您给我这个大葫芦皮厚，没有空隙，坚硬得不能剖开，既不能装东西，也不能盛酒，我要它有什么用处呢?"屈谷说："先生所言极是。不过您是否想过，您一个人隐居在这里，空有满脑子的学问和浑身的本领，对国家没有一点用处，跟我送您的葫芦有什么两样呢?"

如果一个人不运用自己的本领为国家和社会作出贡献，仅仅只是笑傲山林、悠游足岁，就算他有高洁的名声，但实质上其处世之道并不明智。其实，他的智慧与贡献还远不及那位种田的农夫屈谷。

【思考与探究】

1. 请谈谈"知""好"和"乐"的不同与相互关系。

2. 请谈谈学习上"为己"和"为人"的不同以及对学业的影响。

【练习与活动】

请借鉴孔子"叩两端而竭"的思维策略和方法，就自己学习与生活中的一个实际难题，尝试给出解决方案。

第三课　君子

　　做君子，不做小人。这是我们耳熟能详的一句话。孔子和他的弟子提出"君子"和"小人"这两个概念并时时处处把它们对举、对比，整部《论语》对君子做了一百多处描述，孔子和他的弟子认为德才兼备、善良、有理想、有使命感、善于团结人又不搞小团体，心怀天下，视野宏阔，能管理国家等一切好的品性和能力，君子都具备。一句话，在孔子及其弟子的眼里，"君子"就是近于完美的人了，与之对照的就是"小人"，这种人身上总是有着这样或那样的问题与瑕疵，是我们要引为戒止的。

　　【原文呈现】子曰："质①胜文②则野，文胜质则史③。文质彬彬④，然后君子。"

　　【难点注释】①质：质朴。②文：华饰。③史：本指掌管礼仪、文书的史官。这里比喻铺陈浮夸，并无诚意，缺少感情内容。④彬彬：物相杂而配合均匀。

　　【大意试译】先生说："内在的质朴多于外在形式的文采，就会显得粗野，外在的文采多于内在的质朴，就会显得浮夸虚伪。只有把文采与质朴配合恰当，才能成为君子。"

【思维评析】这段话言简意赅，确切地说明了文与质的正确关系和君子的人格特质，直白地说，君子要做到内外兼修、德艺双馨。

【故事解读】叶圣陶原名叶绍钧，江苏苏州人，现代作家、教育家、出版家和社会活动家，他在文学创作、教育事业、文化出版事业等多方面对我国社会作出了杰出贡献。他创作的童话故事《稻草人》人们耳熟能详；他所编辑的《文章例话》再版数次，为中学师生喜爱。

叶先生无论居家还是外出，总是衣冠整洁，清清爽爽；待人接物，谦恭有礼，注重细节，与人通电话，他总是等对方把话说完，把电话挂了，自己才挂电话。

叶圣陶先生真可谓德艺双馨、内外兼修的翩翩君子，是值得我们学习的榜样。

【原文呈现】子曰："君子不器①。"

【难点注释】①器：器具，只有一种用途的东西。此处用来比喻人知识范围狭窄，只能有某一种技艺。

【大意试译】先生说："君子不该像器具一样，只有一种用途。"

【思维评析】《易传》中说："形而上者谓之道，形而下者谓之器。"君子应是"不器"而懂"道"、得"道"之人。也就是说君子是有宏观视野、宽阔心胸、广博知识的人，而不是仅仅专于某一项技术的"残疾人"（北京大学教授李零语）。因为一个人一旦仅仅局限于某一个方面，他就不可能成为通览整体、胸有全局、把控大势的人。

【故事解读】通识教育，是指培养完整的人、通达有识见之人的教育，又称"通才教育""自由教育""博雅教育"等，它是源于19世纪欧美学者有感于现代大学的学术分科太过专门、知

识被严重割裂而创造出来的，目的是培养学生能独立思考、对不同的学科有所认识，以至能将不同的知识融会贯通并最终培养出完全、完整的人。从20世纪起，通识教育已成为欧美大学的必修科目。20世纪末、21世纪初，我国高校陆续开展通识教育实践和研究，使之与专业教育平行推进，形成完整教育的"成才""成人"两大线条的教育格局。

与高校相衔接的高中教育，在学科教育架构上，外国与我国差别较大。外国高中——英美、韩德等国是不分科的，日本高考前也是不分科的，高中教育不分科与大学通识教育加专业教育自然衔接；从我国教育史看，早在孔子时代，无论"六艺"教育——礼、乐、御、书、数，还是"文（典制）、行（德行）、忠（忠诚）、信（守信）"的教育内容，以及《礼记·学记》中的"一年视离经辨志，三年视敬业乐群，五年视博习亲师，七年视论学取友，谓之小成"的有关记载，都可见中国社会有重视培养完整的人的通识教育的传统。

【原文呈现】子曰："君子欲讷①于言而敏于行。"

【难点注释】①讷（nè）：语言迟钝。这里指说话谨慎，有分寸。

【大意试译】先生说："君子要谨慎地说话，却要敏捷地行动。"

【思维评析】在《论语》中，孔子多次反对"佞""巧言"，而主张"木讷"，这与西方哲学大异其趣，《新约·约翰》有"太初有言"，即认为语言是存在的家园；而孔子在"言"与"行"的关系中，特别强调"行"，即"太初有道（为）"，这个"道"就是行为、活动。

【故事解读】"所谓大学者，非谓有大楼之谓也，有大师之谓也"是梅贻琦在清华大学校长就职演讲中说的。事实上，梅贻琦本人就是这样的"大师"。出任清华大学校长期间，中国风雨飘摇，他秉持其"寡言君子"的行事作风，实干苦干，使清华大学从一所有名气但无实际学术地位的学校跃升为国内名牌大学，使自己的名字与清华大学、西南联合大学紧紧联系在一起。作为学者，梅贻琦喜爱科学，专攻物理，熟读史书，他是中国近现代著名的教育家，对中国高等教育产生了深远而重要的影响。梅贻琦个性沉静，寡言少语，凡是与他接触过的人，都说他是一个沉默寡言的人，甚至与友好或知己相处，也慎于发言，有人用"慢、稳、刚"三个字来形容他。

无论是做学问或做别的事，还是为人处世，少说多做都是值得推崇的风格。

【原文呈现】子贡问君子，子曰："先行其言而后从之。"

【大意试译】子贡问怎样做才是君子。先生说："对于自己要说的话，要先做到，再讲出来。"

【思维评析】孔子认为，作为君子不能只说不做，应先做后说。先做后说，取信于人。

【故事解读】"人家说了再做，我是做了再说。""人家说了也不一定做，我是做了也不一定说。"——闻一多先生就是这样的人。20世纪30年代在国立青岛大学，他钻研古代典籍，从唐诗入手，兀兀穷年，沥尽心血。只见一个又一个四方的竹纸本子上，密密麻麻的小楷，如群蚁排衙；数载辛苦，最终凝结成《唐诗杂论》。闻一多先生并没有"说"，但"做"了，而且做出了卓越的成绩。然后，他又由唐诗转到楚辞。别人在赞美，在惊叹，而闻一多先生呢，还是没"说"，又迈向了《古典新义》。

试想想，如果能像闻一多那样先做后说，或者做了也不说，我们的学业是不是会进步更快？如果人群里更多的人这样做事，我们的各项工作和社会事业是不是也会进展很快？

【原文呈现】子曰："君子①不重则不威。学则不固②。主忠信。无③友不如己者。过则勿惮④改。"

【难点注释】①君子：这里指的是士、大夫、国君等上层人物。②固：巩固。③无，同"毋"，不要。无友不如己者：不要跟不如自己的人交朋友。这一句的解释古人多有不同。④惮（dàn）：害怕。

【大意试译】先生说："君子如果不庄重就没有威严。学习的知识就固陋不通。要以忠、信两种道德为主。不要同不如自己的人交朋友。如果有了过错，就别怕改正。"

【思维评析】本部分内容孔子提出了君子应当具有的品德，主要包括庄重威严、学习求会通、慎重交友、过而能改等项。作为具有理想人格的君子，从外表上应当给人以庄重大方、威严深沉的印象，使人感到稳重可靠，可以托付重任。他重视学习，不自我封闭，善于结交朋友，而且有错必改。

【故事解读】徐悲鸿早年留学法国，其画作注重写实传达神情，尤其精于素描。对于中国画，他主张改革："西方绘画可采入者，融之。"中西技法的融合，形成了他前无古人的现实主义画风。有一次，徐悲鸿正在画展上对画作评议，一位老农忽然上前对他说："先生，你这幅画里的鸭子画错了，你画的是麻鸭，雌麻鸭尾巴哪有恁（这样）长的？"众人一看，原来是徐悲鸿的新作《写东坡春江水暖诗意》，内中有麻鸭尾羽卷曲如环。老人说雄鸭羽毛鲜艳，尾巴卷曲是有的；麻鸭雌性羽毛麻褐色尾短，画错了。徐悲鸿立即承认自己疏于写生，并向老农表示深深的谢意。

艺术大师徐悲鸿这个小故事彰显的是有错即改的风范。

【原文呈现】子曰："君子食无求饱，居无求安，敏于事而慎于言，就有道而正①焉，可谓好学也已。"

【难点注释】①正：动词，匡正，端正。

【大意试译】先生说："君子吃饭不追求饱足，居住不追求舒适安逸，做事勤快敏捷，说话谨慎小心，向有道德的人看齐，来匡正自己的错误，这样就可以说是好学了。"

【思维评析】本部分内容重点谈对君子的道德要求。孔子认为，一个有道德的人，不应当过多地讲究自己的饮食与居处，他在工作方面应当勤劳敏捷、谨慎小心，而且能经常检讨自己，让有道德的人对自己的言行加以纠正。作为君子应该克制追求物质享受的欲望，把注意力放在塑造自己的道德品质方面，这是值得我们思考和借鉴的。

【故事解读】杨昌济是毛泽东在湖南长沙第一师范学校求学时的伦理学老师，也是对他影响最大的老师。杨昌济，字华生，长沙板仓人，自幼饱受传统文化的熏陶，尤喜程朱之学。1930年留学日本，改名怀中，六年后，学成，又赴英国修学三年，后来游历德国和瑞士。归国后，数次拒绝进入仕途而从事学术研究。他在湖南公立第一师范学校当老师时，要求学生"高尚其理想"，鼓励学生立志做有益于社会的正大光明的人，要他们"奋斗""有朝气""有独立心"，能"立定脚跟"，而办事又要"精细"，认为"小不谨，大事败矣"；对做学问，他认为要"贯通今古，融合中西"，而同时要有分析的、批判的精神。

【原文呈现】子曰："君子无所争，必也射①乎？揖让而升下，而饮，其争也君子。"

【难点注释】①射：射箭，这里是指射礼，是周礼中规定的射箭比赛。

【大意试译】先生说："君子与人没有什么可争的事情，如果有所争，那一定是射箭比赛吧！比赛时，互相作揖谦让，再登堂射箭；比赛后，相互作揖下堂来，胜负双方又一定要互相作揖登

堂，举杯对饮。这样的竞争，是君子之争呀。"

【思维评析】孔子在这里所说的"君子无所争"，即使要争，也是彬彬有礼地争，这反映了孔子和儒家思想的一个重要特点，即强调谦逊礼让，鄙视无礼的、不公正的竞争，这是可取的。

【故事解读】世界杯足球赛每场比赛开场都要举行这样的仪式——国际足联旗与公平竞争旗缓缓进入赛场中央，比赛双方球员在本国国旗的带领下手牵球童鱼贯而入，此时，两国国歌依次响起……这一仪式如同比赛双方和裁判员的一次庄严宣誓：公平竞争！在正规的足球比赛中，有一个不成文的规矩：如果一方有球员倒地受伤（裁判未吹哨），正在控球的一方球员就会主动把球踢出场外，让伤员获得救治，让公平竞争得以体现。同样，得到帮助的一方也会做出回应。比赛重新开始后，之前将球踢出界外的一方就丧失了发球权，此时，另一方会主动交由对方守门员开球，或者直接将球踢出场外，以归还发球权。

球员这种自觉的行为是公平竞争理念的重要体现。国际足联在《倡导公平竞赛咨文》里指出："公平竞赛使足球比赛更有意义。"

【原文呈现】子曰："君子之于天下也，无适也，无莫也^①，义之与比^②。"

【难点注释】①适、莫：有多种解释。有认为人情亲疏厚薄的；有认为敌对、爱慕的。这里解释为可与不可。②比：挨着，靠拢，靠近。

【大意试译】先生说："君子对于天下事情的处理，没有规定要怎样干，也没有规定不要怎样干，怎样干合理（合于"仁道"）恰当，就怎样干。"

【思维评析】这部分内容，孔子对君子的为人处世提出基本要求："义之与比"，就是说符合"仁道"即可。有高尚人格的君子为人公正、友善，处世严肃而灵活，不厚此薄彼。

【故事解读】甄彬，南朝梁国人，困苦时曾以一束可以织布的苎麻做抵押，向荆州长沙寺借钱，后来赎回苎麻时，他发现一束苎麻内藏着五两金子。甄彬心想：这不是我该得的，不能无故据为己有，于是送还了寺庙。

梁武帝早在做平民时就听说此事，对甄彬的人格非常赞赏。即位后，便任用他到郫县作县令，同时被任命的还有四人。临走时，武帝一一告诫另外四人：身为地方长官，应以廉洁谨慎为重。梁武帝对甄彬说："你往日有还金的美名，我就不再用这些话嘱咐了。"

梁武帝为什么对甄彬特别放心？原因恐怕正在于他认定甄彬心中有"义"——符合"仁道"的价值取向。

【原文呈现】曾子曰："士不可以不弘毅①，任重而道远。仁以为己任，不亦重乎？死而后已，不亦远乎？"

【难点注释】①弘毅：弘大刚毅。

【大意试译】曾子说："知识分子不可以不弘大刚毅，因为担任的责任重大，而要走的路很远。把仁德作为自己的责任，不是很重大吗？死了才停下，不是很长远吗？"

【思维评析】曾参的话与孔子的"岁寒知松柏之后凋也"、孟子的"我善养吾浩然之气"，都讲的是不屈不挠、坚持到底的人格精神，我们可以贯通起来思考，用以修炼自己的责任心和使命感。

【故事解读】"路漫漫其修远兮，吾将上下而求索"是屈原的人生誓言，他用了一生来践行。楚怀王当政时，他运筹帷幄，尽心尽力，主持国家的内政外交，却遭上官大夫谗言而被流放到汉北六年。即使如此，当楚国屡屡失策时，屈原坚持为祖国献计建言，虽不被采纳，但他却一直未曾中断过。顷襄王时，屈原被流

放到更加远离楚国郢都的南方荒僻之地十八年，他却始终心系楚国，直到郢都被秦国攻破，他怀石投江，以死明志。在屈原所处的战国时期，很多人像张仪一样周游列国，叱咤风云，烜赫一时，屈原也可以选择这样，但他钟爱自己的国家，始终没有"出国"。

屈原之所以作为爱国者被世世代代中国人铭记，在于他可以用一生的精力与自己的生命来践行自己认定的使命和价值选择。

【原文呈现】司马牛忧曰："人皆有兄弟，我独亡^①。"子夏曰："商闻之矣，'死生有命，富贵在天'。君子敬而无失，与人恭而有礼，四海之内，皆兄弟也。君子何患乎无兄弟也？"

【难点注释】①亡：同"无"，没有。

【大意试译】司马牛很忧愁地说："别人都有兄弟，只有我没有。"子夏说："我听先生说过：死生听从命运，富贵由天安排。君子只要认真谨慎，做事没有过失，对别人恭敬有礼貌，天下的人都是你的兄弟呀。君子何必担心没有兄弟呢？"

【思维评析】司马牛的哥哥桓魋"犯上作乱"，孔子不仅没有责备他，反而劝他不要忧愁，不要恐惧，只要内心无愧就是做到了"仁"。这里的子夏同样劝慰司马牛，说只要自己的言行符合于"礼"，就会赢得天下人的称赞，就不必发愁自己没有兄弟——"四海之内皆兄弟也"。换句话说，只要是内心有仁爱、做事守规矩的"君子"，就不缺少友情。

"死生有命，富贵在天"中的"命"和"天"均可理解为难以突破和改变的因素，人对此并不是无能为力，所谓"为事在人，成事在天"说的就是这个道理。

【故事解读】1993年11月，俞敏洪为了筹足钱去美国留学，创建新东方学校。当时，俞敏洪一边在北京大学教授英语，一边干起了家教工作，最终他放弃了这种两班倒的工作方式，因为他意识到，要花5年多才能筹到去美国的学费。创立新东方学校最

终使俞敏洪成行美国，但他的目标不是一所大学，而是纽约证交所。2006 年，新东方在纽约证交所正式挂牌上市。

"仁"除了仁爱、爱人等含义外，其实在孔子那里，作为一以贯之的一生追求，何尝不可以理解为矢志不渝的某个目标！这样的话，在俞敏洪那里，不断切换的"教授英语""业余家教""新东方"等都只是他一心要"走出去"的见证，而支撑这些行为的人生目标才是俞敏洪心中的一以贯之的"仁"。

【原文呈现】 曾子曰："君子以文会友，以友辅仁。"

【大意试译】 曾子说："君子通过礼乐、文章的讲习来交朋友，通过朋友互相帮助，培养仁德。"

【思维评析】 曾子继承了孔子的思想，主张以礼乐、文章作为结交朋友的手段，以互相帮助、培养仁德作为结交朋友的目的，这是君子之所为。

【故事解读】 "高山流水"现比喻知音难遇，原来指乐曲名或比喻乐曲高妙。春秋时，俞伯牙擅长弹琴，而钟子期很会听琴。有一次，俞伯牙用琴曲描述和抒发攀登高山的感觉，钟子期听了，便说：多好啊，像泰山一样巍峨！俞伯牙用琴曲描述流水，钟子期听了，便又会意到：多好啊，像浩浩荡荡的江河啊！一年中秋，伯牙如约前来弹奏，却不见钟子期，后来才知道钟子期已离开人世，而且死前他让人把自己葬在与俞伯牙时常相会的岸边，好让自己的灵魂与伯牙相会。俞伯牙来到坟前，仰天长叹：子期不在，谁是知音？于是将古琴摔碎，从此再不弹琴。

这个知音相求、同心相依的佳话流传至今，我们当然很自然想到永恒的友情，如果我们进一步追问：友情何以发生并得以永恒呢？孔子给出的答案是，"文"（故事里是《高山流水》的曲子）是载体，而"仁"——心灵、灵魂相通才是根本所在。

【原文呈现】子曰："士而怀①居②，不足以为士矣。"

【难点注释】①怀：留恋，怀思。②居：安居。

【大意试译】先生说："作为士如果留恋家室、乡里的安逸生活，就不足以成为士了。"

【思维评析】"修身、齐家、治国和平天下"是"士"（君子）的人生信条，如果仅有前两者而缺后两个，就不能成为"士"（君子）了。

【故事解读】王世真是我国著名的生物化学家、核医学家，同时也是我国核医学事业创始人。因为家学熏染，他从小就立志科学救国。在远大志向的引领下，他的学习成绩优异，17岁考进燕京大学，后转学进了清华大学化学系。抗战期间，他在国内首次研制成功了抗疟新药"扑疟母星"和抗肺结核的特效药"雷米封"。又于1946年赴加拿大多伦多大学学习药理学，半年后转入美国爱荷华大学，转而进行核医学研究，并很快崭露头角，仅用两年就取得了博士学位，开始在爱荷华大学放射性研究所学习、任教。照说，他在核医学界可以说是前途无量，完全可以在国外过上优越的生活。但新中国成立后，他毅然决然回到祖国，立刻投身于我国核医学的建设当中，为我国核医学培养了大批学术带头人，并创办了中华医学会核医学分会、中国核学会核医学分会和《中华核医学杂志》，奠定了中国核医学的基础。

王世真的求学经历是"士不怀居"的典型例子，当他学成之后也仍然"不怀居"——舍弃舒适优越的生活条件而毅然报效祖国，真是令人感佩！

【原文呈现】子曰："君子义以为质，礼以行之，孙①以出之，信以成之，君子哉！"

【难点注释】①孙：同"逊"，谦逊。

【大意试译】先生说："君子把义作为他一切行事的根本，又依礼节来施行它，用谦逊的语言来表达，用诚实的态度完成，这样才是一个君子呀！"

【思维评析】"义"是内在修养（"内圣"），"礼"是用社会规则来思考、判断和选择，"孙"（逊）是谦逊的语言，"信"是真心实意的态度，后三者是"外王"，是君子为人的必备品格。

君子是我们心向往之的人格形象，其"义"、"礼"、"孙"（逊）、"信"四点是我们修炼品格时审视自身的四个方面。

【故事解读】邵逸夫一生向内地捐赠的款项达数十亿港元，用这些捐款兴建的教学楼、图书馆、科技馆等项目达数千个，受益的高等院校和基础教育学校可谓遍布中国大江南北；逸夫楼、逸夫图书馆、逸夫会议中心等，如繁星般点缀着内地的大、中、小学和职业技术学校、师范学校、特殊教育学校。

长江流域遭受水灾之后，邵逸夫先生出资帮助灾区重建起一百多所小学，受益的灾区儿童数以万计。他说：作为父亲，我对儿子们的责任，是让他们接受最好的教育。对于他热心支持的教育事业，他说：中华民族要繁荣昌盛，扶助教育，启迪青少年智慧，广育中华英才，至关重要。

邵逸夫的数千个"逸夫楼"以及其一生所作所为，是对"义"、"礼"、"孙"（逊）、"信"的完美诠释。

【原文呈现】子曰："君子病①无能焉，不病人之不己知也。"

【难点注释】①病：担心，忧虑。

【大意试译】先生说："君子只愁自己没有才能，不愁别人不了解自己。"

【思维评析】这部分内容说的还是人自身要"过硬"的问题，这里主要强调的是才能过硬，对于一个人来说，这肯定是一个重要的方面，另一个不言而喻的要素是"德行"。常说的"做好自己"，指的是才能与德行两方面都要好。

【故事解读】钱学森在"两弹一星"、应用力学、物理力学、航天与喷气、工程控制论、系统科学、系统工程、人体科学甚至思维科学等多个领域都作出了重大贡献，是真正的"大师"。

钱学森当年回归祖国的过程中遭到美国人百般阻挠，美国人曾说：我宁可枪毙他，这家伙抵得上五个师！——是什么东西抵得上"五个师"？当然是钱学森的"才能"了！

【原文呈现】子曰："君子疾没世而名不称焉。"

【大意试译】先生说："一个君子，恨他死后名声不为人称颂。"

【思维评析】名声，对于个人而言，是很重要的，好的名声使人活得有尊严，也是人幸福生活的依据；对于群体或族群，一个社会如果不重名声，那么人们就可能会趋利而无所顾忌。

【故事解读】2020年，84岁的钟南山获得"共和国勋章"。之前，他先后获得国家科学技术进步奖一等奖、"全国先进工作者"、"改革先锋"、"中国首批国家级有突出贡献专家"和"白求恩奖章"等荣誉称号。他还拥有中国工程院院士、全国人大代表和全国政协委员等头衔。

另一方面，为人熟知的是，他是呼吸内科学教授和中国抗击非典型肺炎和新冠病毒的领军人物。在非典疫情中，率先带领团队投入救治行动，组织广东非典防治研究，确立广东病原学，获国际上最高存活率。新冠疫情来袭，钟南山奉命去武汉调研，以他为首的国家专家组经过研究，认为新冠肺炎存在人传人的现象，为中央迅速作出对疫情高发地区进行交通管控、对其他地区进行有效群防群控的决策提供了可靠依据。当然，还有他在甲流防治等重大疫情防控中立下累累战功。他更是一个真实、普通甚至平凡的医生，几十年如一日，每周出诊看病，每周坚持查房，投身呼吸系统疾病的临床、教学和科研数十年。

我们既要有像钟南山一样的追求——为国建功立业，又要一步一个脚印，扎扎实实过好每一天，做好应该做好的每一件事。

【原文呈现】子曰："君子不以言举人，不以人废言。"

【大意试译】先生说："一个君子，不因为别人一句话说得好就提拔他，也不因为一个人行事有缺点连他的言论都不理。"

【思维评析】孔子认为君子应当遵守义、礼、逊、信的道德准则，他严格要求自己，尽可能做到立言、立德、立功的"三不朽"，传名于后世；他行为庄重，与人和谐，但不结党营私，不以言论重用人，也不以人废其言，等等。当然，这只是君子的一部分特征。

【故事解读】张释之是西汉文帝时期的法官和法学家，他耿直敢言，守法务实。一天，身为谒者仆射的他陪汉文帝到皇家园林视察，文帝向负责动物管理的上林尉询问动物管理的情况，上林尉竟然一时语塞，回答不出文帝的问题来。此时，动物园管理员啬夫抓住机会，在文帝面前滔滔不绝，文帝很赏识啬夫，下令张释之越级提拔啬夫为上林尉。

张释之问文帝："陛下认为绛侯周勃、东阳侯张相如是怎么样的人？"

文帝说："都是忠厚的长者呀！"

张释之继续说道："绛侯和东阳侯这两位长者，他们哪像啬夫这样喋喋不休，只会耍弄嘴皮子呢？现在陛下因为啬夫的口舌辩才而破格提升他，我是担心天下人就此群起效法，都夸夸其谈而不勤政务实啊！"

文帝听了这番话后，没有提拔啬夫，而是任命了张释之为公车令。

评价一个人，要看重一个人的实际情况或水平，而不仅仅看他说了些什么。从这个故事里，我们是不是对"言"与"实"的

关系有了更深层次的领悟呢?

【原文呈现】子曰:"君子谋道不谋食。耕也,馁^①在其中矣。学也,禄^②在其中矣。君子忧道不忧贫。"

【难点注释】①馁(něi):饥饿。②禄:做官的俸禄。

【大意试译】先生说:"君子用心力于学术,而不用心力于衣食。耕田,也有饿肚子的时候。学习道,也可得到俸禄。所以君子只忧虑道不施行,不忧虑穷困不得食。"

【思维评析】这里孔子摆出一个选择性判断:着力于"学术"而不用心于"衣食"。而后又给出理由:着力于"学术"(道)就可同时得到衣食俸禄,反之则不行。

【故事解读】钱锺书可谓学富五车、才高八斗,被誉为"博学鸿儒""文化昆仑"。然而,他和夫人杨绛的居所,却是一个简朴而寂静的地方。"他们家不是一般的朴素啊!"曾经有记者专门去他们住所采访过同小区的邻居,每个人都这样感叹。

钱杨夫妇一直过着极其简朴的日子。居室里,素墙壁,水泥地,天花板上还有几个手印,据说,那是钱锺书在世时,杨绛爬上梯子换灯泡时一不小心留下的。客厅呢,那根本不是什么客厅,其实就是书房——中间安放着一张大写字台,钱锺书生前坐在这里,他去世后,杨绛继续伏案在此,用生命的最后时光写出《我们仨》《走在人生边上》等作品,留给后世弥足珍贵的精神财富。

在物质生活水平相对很高的当下,如果我们学会给自己的物欲设限,恐怕会产生更多的幸福感、获得感。

【原文呈现】子曰:"君子贞^①而不谅^②。"

【难点注释】①贞:正,固守正道,恪守节操。②谅:信守(小的)信用。

【大意试译】先生说："君子固守正道，而不拘泥于小信。"

【思维评析】孔子曾说过"言必信，行必果"，然而不顾是非地讲究信用并不是君子的作为。孔子注重"信"的道德准则，但它必须以"道"为前提，即服从于仁、礼的规定。离开了仁、礼这样的大原则而讲"信"，就不是真正的"信"。

这里告诉我们做人做事，要守住底线，同时又要懂得变通——灵活性，把原则性与灵活性结合起来才能称之完美。

【故事解读】赵绰是隋文帝杨坚时期的大理丞，他有长达20余年的法官职业生涯。能者遭忌，赵绰的下属中一个叫固来旷的曾向文帝举报赵绰随意减免刑罚、释放囚徒，隋文帝派人调查后，发现并无其事，下令处斩固来旷。赵绰却坚持认为固来旷罪不至死，以致文帝拂袖而去。

赵绰并不放弃，谎称自己还有他事相奏，而进入内宫对文帝说，我有三条死罪：一是身为大理少卿，没能管理好属下而让其犯法；二是犯人罪而不当死，我却不能以死相争；三是本无他事，却称谎求见。文帝听后，脸色稍缓，最终判固来旷流放。

在固来旷案件中，赵绰非但不依仗特权泄私愤，反而以德报怨，依律办事，其行为既符合儒家的道德观念，更体现出严于执法的法家风范。

【原文呈现】孔子曰："侍于君子有三愆①。言未及之而言，谓之躁。言及之而不言，谓之隐。未见颜色而言，谓之瞽②。"

【难点注释】①愆（qiān）：过失。②瞽（gǔ）：盲人。

【大意试译】先生说："侍奉君子有三种容易犯的过失：言语没有涉及他，他就发言了，这是轻躁。言语涉及他，他却不发言，是他心里有所隐匿。不看对方脸色就径自发言，是像盲人般没有视觉。"

【思维评析】这部分内容是说君子语言交际和表达得体，要

注意三个方面禁忌："急"——不当说而说，"隐"——当说而不说，"瞽"——不注意受众接受心理、察言观色。这些都值得思考。

【故事解读】西汉时，汉高祖刘邦与韩信谈论各位将军才能，刘邦问韩信："像我的才能能统率多少兵马？"韩信回答说："陛下不过能统率十万。"刘邦又问："你怎么样？"韩信回答说："我是越多越好。"刘邦笑着说："你越多越好，为什么还被我辖制？"韩信说："陛下不善于统领士卒而善于领导将领，这就是我被陛下辖制的原因。况且陛下是上天赐予的，不是人力能做到的。"

天下平定后，韩信被贬为淮阴侯，后来其封地又被迁往太原以北地区，再后来韩信起兵反叛，最终被刘邦部下斩杀。韩信死后，刘邦问："韩信临死时说过什么话？"吕后说："韩信说悔恨没有采纳蒯通的计谋。"刘邦就下令捉拿蒯通，蒯通被抓后，刘邦问他："你唆使淮阴侯反叛吗？"蒯通回答："是啊。我的确教过他，那小子不采纳我的计策，所以有自取灭亡的下场。假如那小子采纳我的计策，陛下怎能够灭掉他呢？"刘邦下令："煮了他！"蒯通又赶紧说："哎呀，煮死我，冤枉啊！"刘邦怒斥道："你唆使韩信造反，有什么冤枉？"蒯通说："秦朝法度败坏，政权瓦解的时候，山东六国大乱，各路诸侯纷纷起事，一时天下英雄豪杰像乌鸦一样聚集。秦朝失去了帝位，天下英杰都来抢夺它，于是才智高超，行动敏捷的人率先得到它。跖的狗对着尧狂叫，尧并不是不仁德，只因为他不是狗的主人。正当这时，我只知道有个韩信，并不知道有陛下。况且天下磨快武器、手执利刃想干陛下所干的事业的人太多了，只是力不从心罢了。您怎么能够把他们都煮死呢？"刘邦说："放掉他。"赦免了蒯通。

韩信因说话不忌口而被汉高祖刘邦所猜忌，终致身死，而教唆韩信叛乱的蒯通却用三寸不烂之舌为自己辩解而说服了刘邦，让自身免于一死。其中奥妙正在于：韩信犯了言说的"躁""瞽"

二忌，而荆通则把话说在刀刃上，既不"隐"，也不"瞽"。

【原文呈现】孔子曰："君子有三戒。少之时，血气未定，戒之在色。及其壮也，血气方刚，戒之在斗。及其老也，血气既衰，戒之在得。"

【大意试译】先生说："君子当有三戒：年少时，血气还不成熟，应该戒色。壮年时，血气方刚，应该戒斗。到了老年，血气已衰，应该戒贪求。"

【思维评析】"血气"指生理和心理状态，志气则是个人意志品质。朱熹说：血气有时而衰，志气则无时而衰也。君子善养其志气，所以不为血气所动。对于年轻人，强调人可以通过修炼自己的意志品质而走好自己的人生路，是极有道理的。

【故事解读】手机是普通得不能再普通的通信娱乐工具，很多人用它上网、打游戏、发抖音、收发各类信息，好多学生因此上瘾以致耽误学业。

人在年轻的时候，精力旺盛，爱好广泛，对异性美色、好玩的、好吃的等等很容易产生兴趣，这无可厚非；但一定得记住要"戒"——不是一概戒绝，而是设定界线，不可一味耽于逸乐，陷于其中不能自拔，而要把握和拿捏好分寸与尺度，也就是说，要以有益于自己的身心健康为准绳，不可一味放松甚至放纵、纵欲。

【原文呈现】孔子曰："君子有九思。视思明，听思聪，色思温，貌思恭，言思忠，事思敬，疑思问，忿思难①，见得思义。"

【难点注释】①难（nàn）：指发怒所带来的灾难。

【大意试译】先生说："君子在九个方面多用心考虑：看的时候，考虑是否看得明白；听的时候，考虑是否听得清楚；考虑脸色是否温和；考虑态度是否庄重恭敬；说话的时候，考虑是否忠

诚老实；做事的时候，考虑是否谨慎认真；有疑问的时候，考虑是否应该请教别人；发火发怒的时候，考虑是否会产生后患；见到财利的时候，考虑是否符合仁义。"

【思维评析】在这里，通过孔子所谈的"君子有九思"，把人的言行举止各个方面的要领都说到了。他要求自己和学生们一言一行都要认真思考和自我反省，这里包括个人道德修养的各种规范，如温、良、恭、俭、让、忠、孝、仁、义、礼、智等。这些既是行为规范，也是生活智慧，虽然烦琐，却是一个有修养的文明人必须具备的品性和素养。

【故事解读】曾经有一段时间，"中国式"三个字一度成为热词。所谓"中国式"，指的是一部分人或一些群体的不良习惯、不良思想、不良风气等。

所谓"中国式"，虽不能概括或代表中国人的全貌，但它所反映出的问题绝不能掉以轻心。不能让这种"中国式"成为"中国病""中国问题"的代名词，更不能让这种标签给中国的形象抹黑。每一个中国人要用自己的日常努力来消除诸多所谓"中国式"现象。

【原文呈现】子贡曰："君子亦有恶乎？"子曰："有恶。恶称人之恶者。恶居下流①而讪②上者。恶勇而无礼者。恶果敢而窒③者。"曰："赐也，亦有恶乎？""恶徼④以为知⑤者。恶不孙以为勇者。恶讦⑥以为直者。"

【难点注释】①流：疑为后人误增入。②讪（shàn）：诋毁，讥讽。③窒（zhì）：阻塞，不通。引申为固执，顽固。④徼（jiāo）：抄袭，窃取，剽窃。⑤知：同"智"。⑥讦（jié）：攻击别人的短处。

【大意试译】子贡说："君子也有所厌恶吗？"先生说："有的。厌恶喜好说别人坏话的人。厌恶居下位诽谤上位的人。厌恶

勇敢却没有礼貌的人。厌恶果敢而固执不通事理的人。"先生说："端木赐呀，你也有所厌恶吗？"子贡回答："我厌恶抄袭别人言辞而自以为聪明的人。厌恶不谦逊却自以为勇敢的人。厌恶攻击别人的短处却自以为直率的人。"

【思维评析】人的确要敢爱且敢恨。爱亲人，爱朋友，爱老师，爱身边的人以及一切值得爱的人。但正如孔子和子贡一样，对道德、品性上有瑕疵的人则要敢"恨"，更要在一定条件下帮助他们改正不足。

【故事解读】"我和谁都不争/和谁争我都不屑/我爱大自然/其次就是艺术/我双手烤着生命之火取暖/火萎了，我也准备走了。"这是杨绛先生早年翻译的兰德的诗，也可以说是她漫长一生的自我写照。

杨绛先生一生以低姿态处世。在公众场合，她对人总是谦逊地微笑，与人无争，谦虚礼让，对人不仅是彬彬有礼、和蔼可亲，而且有时近乎谦恭。

但"低姿态"还不是杨绛先生为人的全部。"文化大革命"中，钱锺书被人写大字报污蔑，夫妇俩当天晚上打着手电贴出反驳的小字报，而在批斗会上，杨绛揽下了所有责任，说钱锺书的事自己都知道。

杨绛是一个为人有原则、敢爱敢恨的"范儿"，这个"范儿"很有魅力。如果有兴趣的话，去找找她的作品来读吧，比如她的《我们仨》《写在人生边上》等。

【原文呈现】子夏曰："虽小道①，必有可观者焉，致远恐泥②，是以君子不为也。"

【难点注释】①小道：指某方面的技能、手艺，如古代所谓的农、圃、医、乐、百工等。②泥（nì）：拘泥，不通达。

【大意试译】子夏说："就算是小小的技艺，也一定有可取之处；但想靠它成就远大的事业恐怕行不通，所以君子不去从事这些小技艺。"

【思维评析】就个人而言，就是既要想大问题——对自己有宏观规划，又要做小事情——脚踏实地做事。就社会角色分工而言，管理社会的"全才"（政治家、哲学家等）与某一领域的专家是不一样的，"全才"总览全局，推动社会整体进步，专家凭借专业特长对社会某一方面做出贡献；孔子话里的"君子"显然指的是前者。"君子不器"可以与这一句话参照理解和思考。

【故事解读】我国改革开放和现代化建设的"总设计师"这一称号，是中国人民给邓小平一人的特定称谓。这一称谓让我们想起，1978 年 12 月，中国共产党召开的十一届三中全会实现了中国历史上具有深远意义的重大转折。当时的中国，经济全面萧条，诸多政治问题、社会问题严重积压，各项社会事业深度凋敝。邓小平力挽狂澜，从"实践是检验真理的唯一标准"讨论开始，突破陈旧观念，着力发展经济，推动中国社会全方位转型，我们国家由此走上了致富奔小康的现代化建设之路。到 2010 年，中国的 GDP 超过日本，成为全球第二大经济体。这一跨越和变化，邓小平可谓居功至伟。

因此，"总设计师"这一称号，邓小平当之无愧。改革开放给中国人民带来的福利，说明由宏观思维支撑的顶层制度设计至关重要。

【原文呈现】子夏曰："百工居肆①以成其事，君子学以致其道。"

【难点注释】①肆（sì）：古代官府制造物品的场所，手工业作坊。陈列商品的店铺也叫肆。

【大意试译】子夏说："各行各业的工匠们要整天在作坊里工作来做成他们的器物，君子要终身学习来实现道。"

【思维评析】这部分内容可以看作是对上一部分的补充。

【故事解读】德国著名的物理学家爱因斯坦，也是终身学习的践行者。

曾经有人问爱因斯坦说："您已经是物理学界了不起的人物了，何必还要孜孜以求地学习呢？"

爱因斯坦并没有立即回答，他找来一支笔、一张纸，在纸上画上一个大圆和一个小圆，对那人说："目前情况下，在物理学这个领域里可能是我比你懂得略多一些。正如你所知的是这个小圆，而我所知的是这个大圆。可是整个物理学识是无边无际的，对于小圆，它的周长小，即与未知领域的接触面小，他感受到自己的未知少；而大圆呢，他与外界接触的这一周长大，所以更感到自己未知的东西多，会更加努力去探索。"

爱因斯坦坚持孜孜不倦地终身学习，绝不仅仅是满足于自身知识的扩充，他所追求的"大圆"，绝不仅仅是"知识"的数量，而是比知识更高层次、能够统领知识的智慧——"道"。

【原文呈现】子夏曰："君子有三变。望之俨然，即之也温，听其言也厉。"

【大意试译】子夏说："君子的态度，感觉上有三种变化：远远看上去，严肃可畏；接近他，又觉得他温和可亲；听他说话，又像斩钉截铁般厉害。"

【思维评析】"君子敬以直内，义以方外，仁德浑然。望之俨然，礼之存。即之也温，仁之著。听其言厉，义之发。人之接之，若见其变，君子实无变。"——钱穆先生的解说很深透，足以帮助我们理解原文：变中不变的是内在品性和修养。

【故事解读】杜泽逊是山东大学儒学高等研究院古典文献学教授，曾被学生们评为"山大四大男神"之一，他常穿一件白衬衫，外罩黑色风衣，走路挺拔帅气，在学生心目中，无论学术水平，还是人格品质，他都是"男神"级的人物。

在他的书桌上，有一张学生曾经留下的字条，上面写着："望之俨然，即之也温。"杜泽逊老师在学术研究上严谨且近于严苛，为了研究，他可以一天不吃饭。而在教学上，他又特别重视学生对自己授课的反馈，他在回复学生信息时，落款总是"泽逊上"，这让学生深感惶恐。

杜泽逊之所以成为"男神"，绝不仅仅因为他的穿着，更是在于他的内在品性和修炼，在于他"温而厉"的风范。

【原文呈现】 子贡曰："君子之过也，如日月之食焉。过也，人皆见之。更也，人皆仰之。"

【大意试译】 子贡说："君子有过错，如同日食月食。他犯错时，人们都看得见；他改过时，人们都敬仰他。"

【思维评析】 人人都会犯错误，因此，犯错误并不可怕；君子是人，也会犯这样或那样的错误，但君子了不得的地方在于，不仅不隐藏错误，而且勇于改正错误。

【故事解读】 陶行知是中国著名的教育家，在他担任一所学校校长时，一次，他看到一个学生用泥块砸同学，立刻制止住其行为，并让学生放学后到校长室。

放学后，学生早早等在门口准备挨训，没想到陶行知却给了他一颗糖说："这是奖给你的，因为你很准时。"学生很是惊讶。哪知陶行知又掏出第二颗糖对学生说："这颗糖奖给你，因为我不让你再打人，你立即就停止了。"这时陶行知掏出了第三颗糖："我调查过了，你砸那些男生，是因为他们不遵守游戏规则，欺负女生；你砸他们，说明你很正直善良。"学生感动得哭了，说："陶校长，你打我吧！我错了，我砸了自己的同学！"陶行知笑了，马上掏出第四颗糖："你能正确地认识错误，我再奖励你一颗糖……我的糖分完了，我们的谈话也结束了。"

这个"四颗糖果"的教育故事，一般人都去赞赏教育家陶行知的教育得法，但是我们如果把关注点切换到学生一边，你就会发现他身上的确有知错即改的君子品格。

【原文呈现】 子曰："君子怀德①，小人怀土。君子怀刑②，小人怀惠。"

【难点注释】 ①德：德性。②刑：法度典范，刑罚。《韩非子·二柄》把这"刑"与"德"两条叫"二柄"，即人主驾驭下属的基本手段。

【大意试译】 先生说："君子关心的是德性，小人关心的是乡土。君子关心的是刑法，小人关心的是恩惠。"

【思维评析】 孔子显然主张用"德"与"刑"来治国。当今，中国国家治理中法治建设与道德建设双管齐下，不是对孔子的治国思想的很好继承与发展吗？

【故事解读】 陈登是汉献帝建安年间的广陵太守，他为百姓做好事，得到广泛赞誉。一次，老朋友许汜来拜望他，陈登瞧不起他只知求田问舍，胸无大志，对他很冷淡。晚上，许汜在陈登家留宿，陈登独自高卧在上床，把许汜安置在下床，许汜对此怀恨在心。

几年后，许汜投奔荆州牧刘表。有一天，刘表、刘备和许汜一起点评天下英雄人物，许汜趁机诋毁陈登说："陈登徒有虚名，待人无礼，不算英雄！"刘备问许汜为何这样说陈登，许汜便把几年前拜望陈登的事讲给刘备，刘备听了不但不认同，反而教训许汜说："你胸无大志，只知求田问舍，不知忧国忧民，当然得不到陈登的礼待。"许汜听后，羞愧得面红耳赤，一言不发。

陈登与许汜的差别，绝不是上床与下床的距离，而是差在"怀德"与"怀土"、"怀刑"与"怀惠"之间，换句话说，在于人生格局、人生境界的云泥之别。

【原文呈现】子曰："君子喻①于义②，小人喻于利③。"

【难点注释】①喻：明白，懂得。②义：合乎正义和道义的事情。③利：私利，财利。

【大意试译】先生说："君子懂得礼义，小人只知道利害。"

【思维评析】"君子喻于义，小人喻于利"是儒家学说中对后世影响较大的一句话，流传于世间。这句话明确提出了义与利的问题。孔子认为，利要服从义，要重义轻利，他的"义"指服从等级秩序的道德。一味追求个人利益，就会犯上作乱，破坏等级秩序。所以，他把追求个人利益的人视为小人。经过后世儒家的发展，这种思想就变成义与利尖锐对立、非此即彼的义利观——当然这是一种值得商榷的观点，事实上，义与利在一定条件下是可以兼顾的，即在符合"义"（主要是道义和法律）的前提下，去获取个人利益，这无可非议。

【故事解读】唐朝将领尉迟恭，是今天我们过年贴的门神中的一位，他最早是刘武周的将军，先作为对手与李世民打仗，最终归顺了李世民。

后来，有归顺李世民的人叛变了，将领们便将尉迟恭关押起来。有人对李世民说，尉迟恭打仗很勇猛，如果趁早杀掉他，可以永绝后患。李世民并不听从，不仅把他从监狱里放出来，还给他黄金，对他说：如果你要走，这可以作为你的路费。对此，尉迟恭感激不已，也就没有离开李世民，此后成为李世民麾下的著名战将，立下赫赫战功。李世民的哥哥皇太子李建成，曾经送尉迟恭一车金器，以此拉拢他而使之归顺于自己，被尉迟恭当场拒绝。

李世民与李建成二人对待尉迟恭的方式，展示出以"义"团结人和以"利"勾结人之别。可以推测，李世民最终当上皇帝，成就"贞观之治"，并不是偶然的。

【原文呈现】子曰："君子坦荡荡①，小人长戚戚②。"

【难点注释】①坦荡荡：平，宽广。②长戚戚：总是患得患失、忧虑的样子。

【大意试译】先生说："君子总是（心地）平坦宽广，小人（心地）常常局促忧愁。"

【思维评析】孔子认为，作为君子，应当有宽广的胸怀，可以容忍别人，容纳各种事件，不计个人利害得失。而小人则心系私利，心胸狭窄，与人为难，与己为难，时常忧愁，局促不安。我们若能经常对照这古今一直流传的警句，时时处处修炼自身，必定好处多多。

【故事解读】陶行知创办南京晓庄师范学校、重庆育才学校，推行平民教育，对中国教育事业影响深远。陶晓光是陶行知的儿子，22岁时，他想进入成都一家无线电修造厂，需要一份学历证明书。于是，陶晓光写信给晓庄师范学校的马副校长，这位校长给他开具了一张晓庄学校的毕业证书。

当时，陶行知在重庆，知道此事后，他非常生气，立刻拍发电报，要求陶晓光把证书寄回学校，并且说：我们必须坚持"宁为真白丁，不做假秀才"，追求真理做真人，决不向虚伪的社会学习和妥协。

这个故事涉及求真与作假的诚信问题。大家再进一步想想，如果陶晓光没有寄回毕业证书，而是拿着那张假的凭证进了无线电修造厂，他的心态会是怎样？他可能侥幸一时，高兴一时，但接下来恐怕会陷入长时间的焦虑和不安，因为人的良知会让求真务实的人胸怀坦荡，而让弄虚作假的人于心不安！

【原文呈现】子曰："君子成人之美，不成人之恶。小人反是。"

【大意试译】先生说："君子成全别人的好事，不促成别人的坏事。小人做的，恰恰与此相反。"

【思维评析】这部分内容所讲的"成人之美，不成人之恶"，是儒家的一贯思想主张，是"己欲立而立人，己欲达而达人""己所不欲，勿施于人"观念的具体展开。另，《春秋·穀梁传》中有"《春秋》成人之美，不成人之恶"之语，所以程树德说这句话是古代成语。

【故事解读】在《告子·章句下》中，孟子与白圭（编者注：曾为魏国相，筑堤坝治水）有一番关于治水的对话。白圭夸耀自己治水比大禹厉害，孟子一针见血地批评白圭说：你完全是错误的，你白圭治水是"以邻为壑"，即挖沟渠把自家的水患引向邻居；而大禹治水则是"以四海为壑"，把水患引向大海。二者的区别在哪里呢？孟子说白圭是在让水逆行——逆着水性而行，最终形成洪水，给人造成灾难，而大禹则是顺着水的本性而行的，最终让它回到自己本就要到达的归宿——大海。

其实，成人之美与成人之恶的区别，正在于顺着人的本性而行还是逆着人的本性而行。至于你所成就的那一方是"美"是"恶"、符不符合道义、损不损害公众利益，当然又是首先要做出判断的，换句话说，是原则问题。

【原文呈现】子曰："君子和而不同①，小人同而不和。"

【难点注释】①和、同：是春秋时的两个常用概念。和，调和，和谐，相互协调。同，相同，同一。

【大意试译】先生说："君子讲究和谐，而不盲目附和跟从别人，小人盲从别人，却不肯表达自己的意见。"

【思维评析】"和而不同"是孔子思想体系的重要组成部分。"君子和而不同，小人同而不和。"君子可以与他周围的人保持和谐融洽的关系，但他对待任何事情都必须经过自己大脑的独立思考，从来不愿人云亦云，盲目附和；小人则没有自己独立的见解，只求与别人完全一致，而不讲求原则，与别人不能保持融洽友好的关系。为人处世方面是这样，其实，在很多问题上，往往都能体现出"和而不同"与"同而不和"的区别。

《国语·郑语》中引史伯"夫和实生物，同则不继"，"以他平他谓之和"，古人认为，相反相成才能和谐，完全相同只会产生单调，比如五音谐和而为音律，五味调和方成美食。

首先承认差异性，在此基础上，从"多极""多元""多样化"中求得和谐发展，这体现了中华民族由来已久的辩证思维（辩证法思想）。消灭差异性、独立性而强求"一致""一律""一心"是愚蠢的。"中庸""和""度"等观念是智慧的结晶。

【故事解读】太极拳与道家文化有着内在渊源关系。道家学派的创始人和主要代表老子在《道德经》中说"万物负阴而抱阳，冲气以为和"，这就是说，任何事物"阴不离阳，阳不离阴，阴阳互济"。《易经》中用"– –""———"分别代表阴和阳，并且用"阴阳"来概括对立统一的现象，说阴阳之间的互变有简易、变易和不易之规律。《说卦传》中又说"观变于阴阳而立卦，发挥于刚柔而生"，是说阴阳对立的两个方面互相结合，于是产生了生生不已、无穷无尽的变化。

太极拳正是融合了阴阳辩证、中国传统儒学和道学等多种理念，贯通了中医和中国古代导引术、吐纳术等，形成的一种内外兼修、刚柔相济的传统拳术。换句话说，太极拳正是融合、求"和"而成的——其内核是"合""和"，而不是"同"。

【原文呈现】子曰："君子泰而不骄，小人骄而不泰。"

【大意试译】先生说："君子安泰坦荡，但对人不骄矜，小人对人骄矜而不安泰坦荡。"

【思维评析】这部分内容强调"过犹不及"的"度"，是孔子

的一贯思想，可与《论语》相关条目结合读，比如《先进篇》中的第十五章、《学而篇》第十二章等；还可以与《大学》《中庸》等经典中的相关内容联系起来思考。

【故事解读】吕蒙正是北宋初年宋太宗时期的宰相。他出身贫寒，科考一举夺魁。吕蒙正初为宰相时，有个叫张绅的知州贪赃枉法被免职，有人在皇帝面前打小报告说："张绅家里很富有，不可能贪污受贿。一定是吕蒙正贫寒时向张绅求助，张绅没有满足他的要求，现在借机报复。"宋太宗竟然听信了谗言，让张绅官复原职。吕蒙正对此不作任何辩解，离职而去。后来真相大白，宋太宗十分后悔，让吕蒙正重返相位。吕蒙正不辩解，不言谢，也不追究打小报告的人。他的这种为人作风深得人心，连曾经说过"半部《论语》治天下"的老宰相赵普都说他是难得的好宰相。

吕蒙正对攻击、污蔑自己的人不计较，在谗言面前泰然自若、从容安详，在故事里可见一斑。

【原文呈现】子曰："君子求诸①己，小人求诸人。"

【难点注释】①诸："之于"的合音。

【大意试译】先生说："君子一切求之于自己，小人一切求之于别人。"

【思维评析】"为别人着想"和"要求别人"区别大了！"反求诸己"与"务求诸人"是两种迥然不同的选择，我们要多多为别人着想，多多要求自己。

【故事解读】《宋史·查道传》记载：北宋人查道为人淳厚，秉性正直，曾任宋真宗的龙图阁待制。有一次，查道外出巡查自己所管辖的地区时，见路旁有上好的甜枣，随从人员就从树上摘下来拿给了查道。查道要随从人员按价付钱，可此时不见枣树的主人，查道又急着赶路，于是就按甜枣的质量，计算出甜枣的价钱，然后将应付的铜钱挂在树上才走。

查道这种"小题大做"的行为，就叫自律。在人前人后同样严格要求自己，这样的人没有不被人称道的，因此这个故事流传至今。

【原文呈现】子路曰："君子尚勇乎？"子曰："君子义以为上。君子有勇而无义为乱，小人有勇而无义为盗。"

【大意试译】子路说："君子崇尚勇敢吗？"先生说："君子是看重仁义的。君子有勇气而没有仁义，就会作乱；小人有勇气而没有仁义，就会偷盗。"

【思维评析】孔子这段话是讲给子路的，对于有勇力的人做出告诫，这很有必要：力量的发出既要注意前提，还得注意方向。换句话说，为什么用力，对什么用力——这两个问题，是做事情时首先要思考和追问的。

【故事解读】抵制日货已经是中国历史上的一个老话题了。1908年，中国水师在澳门附近扣留走私武器的日本船只，引发中日外交纠纷，粤商自治会发起了中国历史上第一次抵制日货运动。1919年，由巴黎和会引发了山东的归属问题，中国掀起了规模空前的抵制日货运动，收效明显。20世纪上半叶，中国的一系列"抵制日货"运动，所涉及的主要是棉纱织品、日用百货等轻工业产品。这一时期，日本资本对中国的大规模直接输出相对较少，抵制容易达成目标，在中日纺织工业等产业激烈竞争的情况下，抵制日货对民族工业发展有一定积极作用。

新时期，随着类似于钓鱼岛事件的发酵，抵制日货现象也曾出现。同时，由于国际格局发生变化，中日之间利益联系越来越深，"理性爱国"的声音随之而生，中国人不会简单模仿20世纪上半叶的方式，莽撞地直接"抵制"——所谓"勇"，而是顾及中国自身乃至双方的利益——所谓"义"。爱国不可简单等同于抵制日货。

【思考与探究】

梳理本课中的所有条目，较为系统地归纳出"君子人格"的有关特征，并对照自己，看看你目前具备君子人格的哪些特征，还有哪些是需要进一步努力做到的。

【练习与活动】

以"君子人格"为话题，开展一次演讲比赛，谈谈君子人格的现实价值以及自己如何具体践行。

第四课　圣人、有恒者、成人、狂狷者、鄙夫

　　君子，是孔子以及弟子们修炼的理想人格。除此之外，孔子把"圣人"作为一种最理想、最完美的人格境界高悬于现实，如同星星缀于天际，供人们仰望；有恒者，是最具现实价值的修炼目标，值得每一个人下功夫去达成；成人，则是相对完美的人格，似乎可望可即；狂狷者，是两种各具特色的人格，可取其长，可欣赏；最下等的是鄙夫，可唾弃而无可学。

　　【原文呈现】子曰："圣人①，吾不得而见之矣！得见君子②者斯③可矣！"子曰："善人④，吾不得而见之矣！得见有恒者⑤斯可矣！亡而为有，虚而为盈，约而为泰⑥，难乎有恒矣。"

　　【难点注释】①圣人：品德最高的人。②君子：才德出众的人。③斯：就，则。④善人：心性、行为善良的人。⑤有恒者：有恒心能坚持德行，用心不二的人。⑥泰：这里是奢侈的意思。

　　【大意试译】先生说："圣人我是不可能见到了，能看见君子就可以了。"先生又说："善人我是不可能见到了，能见到有恒心的人就可以了。没有却装作有，空虚却装作充实，穷困却装作安

泰，这样的人是很难有恒心的。"

【思维评析】在"礼崩乐坏"的状况下，孔子似乎感到难以找到他观念中的"圣人""善人"，能看到"君子""有恒者"，也就心满意足了。反过来说，我们首先要做一个"有恒者"，再进一步向"善人""君子"和"圣人"等更高境界修炼。

【故事解读】王阳明读朱熹的书，想做圣人，就先"格物"。可是对于格物，他不甚了了，就决心先试试看，面对眼前一片竹林，就"格"起这竹子来，他盘腿而坐，眼睛紧盯竹林中的一根竹子——只见它粗若碗口，枝叶浓密，高至云霄；慢慢地，他思绪飘逸，想到竹子质地坚韧，竹竿修长，是天然的建筑材料；如果截成小段，可以做成筷子或竹筒；它身姿优美，有气节，可入画入诗；它种类繁多，竹笋可食，竹叶可入药……

就这样，王阳明面对竹子，整整思考了七天，感觉似乎做了一篇关于竹子的大文章。到第七天，直做得他头晕眼花，几乎要昏倒了……

王阳明"格竹"似乎是一个冷笑话，但我们所看到的却是一个专心致志的"有恒者"，值得我们学习的是他的"恒心"；至于"圣人"，那是心向往之的完美目标。

【原文呈现】子路问成人①。子曰："若臧武仲②之知③，公绰之不欲，卞庄子④之勇，冉求之艺，文之以礼乐，亦可以为成人矣。"曰："今之成人者何必然。见利思义，见危授命，久要⑤不忘平生⑥之言，亦可以为成人矣。"

【难点注释】①成人：完人，人格、才德各方面完美的人。②臧武仲：鲁国大夫臧孙纥（hé）。因为为鲁国权臣不容而逃到齐国，他很明智，预见到齐庄公将被杀而拒绝了齐庄公给他的田。③知：同"智"。④卞（biàn）庄子：鲁国大夫，以勇敢著称，传说他曾经一个人去打虎。⑤要：同"约（yāo）"，穷困。

⑥平生：平日。

【大意试译】 子路问什么是完人。先生说："像臧武仲那样明智，像孟公绰那样不贪心，像卞庄子那样勇敢，像冉求那样多才多艺，再加上礼乐修养，就可以成为完人了。"过了一会儿，他又说："现今的完人哪里一定要这样？只要他看见利益想到道义，遇到国家有危难便愿意付出生命，长期过穷困的日子也不忘记平日的诺言，也可以说是完人了。"

【思维评析】 孔子认为，具备完美人格的人，应当富有智慧、克制、勇敢、多才多艺和以礼乐修饰。但也可以说得简明一点，"正直"（"见利思义"）、"勇敢"（"见危授命"）和"诚信"（"久要不忘平生之言"），是修炼成完美人格的三个方面。

【故事解读】 曾国藩是中国历史上具有影响力的人物之一，不仅仅因为其官至一品总督，还在于他人格品性的修炼。从事业上看，他出身农家，朝中无任何依傍，却能在三十七岁时官至二品，并兼兵、工、刑、吏各部侍郎，掌管军政大事，十年七次迁升，连续升十级，从一个七品小官跃升为二品大员，后又出将入相，位极人臣，创造了清廷升官最快的官场奇迹。

从家庭生活上看，他又是最好的儿子，能使父母宽心；还是最好的哥哥，教导和照顾弟妹，体贴入微；他更是仁慈的父亲，是儿女的好榜样。

事实上，曾国藩并不是天才，也没有超群的才华，但是他善于自我管理，对自己日日检点，事事修炼，不让自己有一点怠慢。他正是按照"内圣外王"的完人标准来经营自己，一生不断修炼，不断提升。

【原文呈现】 子曰："不得中行①而与之，必也狂狷②乎！狂者进取，狷者有所不为也。"

【难点注释】 ①中行（zhōngxíng）：合于中庸之道的言行。

②狂狷：狂，志向远大，敢作敢为的人。狷（juàn），为人耿直，安分守己，不求有所作为的人。

【大意试译】先生说："找不到言行中庸的人交往，那只有交往到狂者和狷者了。狂者勇于进取，狷者绝不肯做坏事。"

【思维评析】"中""中行""中道""中庸"是进退有度的意思。"狂"与"狷"是两种对立的品质。一是流于冒进，进取，敢作敢为；一是流于退缩，不敢作为。孔子认为，中行就是不偏于狂，也不偏于狷。人的气质、作风、德行都不偏于任何一个方面，对立的双方应互相牵制，互相补充，这样，才符合中庸的思想。

【故事解读】阮籍是魏晋时期的名士，有几件事情可以证明"名士"之名不虚。晋文帝司马昭想与阮籍结为亲家，要让司马炎娶阮籍的女儿为妻，阮籍喝酒至狂醉，长达六十多天，使得司马昭根本没有办法去提亲事。阮母去世，裴楷前去吊唁，阮籍披散头发，箕踞而坐，醉眼蒙眬，什么话也不说。阮籍还喜欢翻白眼，见到遵循礼节的俗人，就翻出白眼以对；当嵇喜来吊唁阮母时，阮籍就翻出白眼，弄得嵇喜很没面子。

阮籍显然是一个悖逆世俗礼法、率性而为的"狂者"。从这种人身上我们能学到的是，对事对物要开动脑筋、保持自己的独立判断，而不是不加思考、不作分析地接受或附和他人；当然，有一个很重要的问题必须首先解决，就是自己做出判断和分析的标准正当与否。

【原文呈现】子曰："鄙夫①可与事君也与②哉！其未得之也，患得之。既得之，患失之。苟患失之，无所不至矣。"

【难点注释】①鄙夫：粗鄙的、出身低的"草根"。②与：同"欤"。

【大意试译】先生说："可以与一个粗鄙的、出身低的人一起

事奉君主吗？当他没得到时，只怕得不到；已经得到了，又害怕失掉。如果老怕失掉，他会无所不做的。"

【思维评析】我们所处的当下的确已经到了不以出身看人的时代了，但当"鄙夫"（草根）所标志的不是出身和地位，而是粗鄙和浅陋的修养时，我们却有话要说："草根"由于自身和周边条件所限，一旦得到某种资源又怕失去。为此，他们中的一些人往往就会不择手段去做任何事情，以至于危害群体，危害他人。这不是很值得警惕吗？

【故事解读】"大风起兮云飞扬，威加海内兮归故乡。安得猛士兮守四方！"这是汉高祖刘邦写的《大风歌》，我们知道它实在不能算是一首阳春白雪的诗歌，因为刘邦是个实实在在的"鄙夫"——草根。

刘邦本名刘三，他在家中排行第三，自然就叫刘三，刘邦是称帝后改的。刘邦之前是亭长，村中一霸，他坑蒙拐骗，与狐朋狗友厮混，大家见到这个刘三都绕道走；转机发生在他吃未来老丈人吕公的酒席时，被吕公认作"金鳞"，更将宝贝女儿嫁给他，之后，便一步一步飞黄腾达。楚汉战争时，为逼刘邦投降，项羽绑架了刘父，并威胁说要杀死刘父熬汤喝。刘邦回应说："我与你是结拜兄弟，我的父亲就是你的父亲，如果杀了我的父亲，就请分一杯汤给我喝吧。"项羽只好作罢。

刘邦虽然后来位及君王，其才能超群不用质疑。但从早期的行事中，我们可以看见，他的人格却如"鄙夫"一般。由此我们发现，人的品格与人的才能、地位并不存在正相关关系；而一个人的人格品性修炼至关重要，修炼的难度也极高。

【思考与探究】

你是如何理解和评价"内圣外王"的人生追求的？

【练习与活动】

青年毛泽东立志以"言天下之大计，成全道德，适当于立身处世之道"，深信"内省不明"无以立身，只有持之以恒地坚持"尽物之性，完吾之心"的道德实践，使自己达到"内圣"的人格境界，即"发展吾之一身，使吾内而思维、外而行事，皆达正鹄"①。

请阅读《红星照耀中国》（埃德加·斯诺）等传记和历史著作，看看毛泽东是如何践行自己的修身理念的，对我们有哪些启发。

---

① 中共中央文献研究室、中共湖南省委《毛泽东早期文稿》编写组：《毛泽东早期文稿》，湖南人民出版社 2018 年版，第 51～52 页

第五课　夫子

　　鲁迅说："我的确时时解剖别人，然而更多的是更无情面地解剖自己。"（《写在〈坟〉后面》）在《论语》这部语录体著作中，孔子谈自己的理想和志向，谈自己对做人的期许——君子、成人、善人、有恒心的人，也说自己不喜欢的人是小人、鄙夫之类的；孔子是一个真性情、真诚的人，对自己修炼的心路历程、优长以及担忧，甚至天资等，他都毫不避讳，和盘托出。而与孔子朝夕相处的弟子们，对孔子的为人做事，自然是有最直接、最真切的感知，在他们心目中孔子是什么样子呢？

　　【原文呈现】子曰："吾十有五而志于学，三十而立①，四十而不惑，五十而知天命②，六十而耳顺，七十而从心所欲不逾矩③。"

　　【难点注释】①立：站立，自立。②天命：含有上天旨意、自然禀赋与天性、人生的道义和职责等意义。③矩：礼法，规矩。

　　【大意试译】先生说："我十五岁时就开始立志于学问，三十岁时能自立于世，四十岁时遇事不会迷惑，五十岁时懂得了什么是天命，六十岁时能听得进各种不同的意见，到七十岁时就能随心所欲，任何想法都不逾越规矩。"

【思维评析】孔子自述了他（个体）学习和修养的过程，这个过程共分为三个阶段：十五岁到四十岁是学习领会的阶段；五十、六十岁是安身立命的阶段，也就是不受环境左右的阶段；七十岁是主观意识和做人的规则融合为一的阶段。在这个阶段中，道德修养达到了最高的境界。孔子的道德修养过程，让我们看到：第一，他看到了人的道德修养不是一朝一夕的事，要经过长时间的学习和锻炼。第二，道德的最高境界是思想和言行的融合，自觉地遵守道德规范，而不是勉强去做。

【故事解读】周有光外号"周百科"。20 世纪 80 年代，他是翻译《简明不列颠百科全书》的中美联合编审委员会和顾问委员会中方三委员之一，又担任中国大百科全书社科部分总编委。80 岁时，周有光再出发，把 80 岁当作 0 岁，从零开始研究文化学。92 岁那年，收到一份贺卡，上面写着：祝贺 12 岁的老爷爷新春快乐！谈到读书时，周有光说：读书要和生活发生关系，如果读了书不能立言，就白读了。晚年，他始终不忘与时俱进，天天上网，通过电脑与外部世界保持联系。

周有光在 80 岁时让自己的年龄"归零"，实际上是重新出发，从"零"开始加强自己的修养；之后的岁月他在个人修养和事业上所取得的成果，与"归零"而后的重新出发相关联。这说明，人的学问的提高和修养的提升贯通人生的全过程，而且还要不断挑战新的高度，以臻完美。

【原文呈现】子曰："十室之邑①，必有忠信如丘者焉，不如丘之好学也。"

【难点注释】①十室之邑：指小村子。十室，十户人家。古代八家为一井，四井为一邑，一邑有 32 户人家。

【大意试译】先生说："就是只有十户人家的小村邑里，也一定有像我这样讲忠信的人，只是不如我好学罢了。"

【思维评析】孔子是一个十分坦率直爽的人，他在比较中承认自己的德性和才能都是学来的，并不是"生而知之"，而且好学才是自己真正的"特长"。

【故事解读】苏秦是战国时有名的政治家。年轻时，由于经常读书读到深夜，疲倦到想要打盹的时候，他就用事先准备好的锥子，在大腿上轻轻刺一下，这样突然的痛感和刺激，使他猛然清醒起来，振作精神继续读书。

孙敬是东汉时著名的政治家。年轻时，他孜孜不倦勤奋好学，有时候读书读到三更，很容易打盹，于是想出一个办法——找来一根绳子，一头拴在自己的头发上，另一头绑在房子的房梁上，这样读书疲劳打瞌睡的时候，只要一低头，绳子牵住头发扯痛头皮，他就清醒起来继续读书。

以上是有关好学的"头悬梁，锥刺股"的传统经典故事。我们现在固然不需要重复"头悬梁，锥刺股"这一做法，但学习其吃苦精神，在学习上遇到难题和别的什么难关时，学会咬咬牙挺过去，却是有必要的。

【原文呈现】子曰："述①而不作②，信而好古，窃③比于我老彭④。"

【难点注释】①述：阐述、传述已有的。②作：创始，创作，创造。③窃：私下，私自。④老彭：商代的贤大夫彭祖。

【大意试译】先生说："只传述旧章，不创制新作，笃信、爱好古代的文化，我私自和老彭相比拟。"

【思维评析】"述而不作"有保守的一面，完全遵从"述而不作"的原则，那么对古代的东西只能陈陈相因，就不会有思想的创新和发展。但是，最具核心价值的东西，既是传统的，也是现代的或创新的，比如中国传统"天人合一"的整体生态观念，在当下中国甚至全世界都具有先进性，有其恒定的价值，并不过时。

【故事解读】在一般人的眼里，鲁迅无疑是反"传统文化"的，而事实上，鲁迅是反对传统文化中的糟粕的，他对传统文化可谓有颇多建树。

鲁迅校过《嵇康集》《唐传奇集》等，写过《古小说钩沉》《汉文学史纲要》《中国小说史略》等，特别是那篇《魏晋风度及文章与药及酒的关系》，已经成为研究魏晋文学的经典篇目。鲁迅终生搜集古籍善本以及隋唐墓志铭等。鲁迅虽然从未喊出"继承传统文化"的口号，但他实实在在做着继承传统文化的事情。他的经典《狂人日记》，反对的是吃人的"文化传统"——不把人当人看待、剥夺人的尊严的"文化传统"！

从这个意义上说，鲁迅先生做到了"述而有作"。

【原文呈现】子曰："默而识①之，学而不厌，诲人不倦，何有于我哉！"

【难点注释】①识：同"志"，记住。

【大意试译】先生说："默默记住所见所闻，勤奋学习永不满足，耐心教导别人不倦怠，这三件事在我有什么困难呢？"

【思维评析】这里继续谈论治学的方法问题。前面说他本人"述而不作，信而好古"，这里则说他"学而不厌，诲人不倦"，这反映了孔子教育方法的一个侧面：自身的"学习"与对别人的"教育"之间实现了良性互动。

【故事解读】师襄是春秋时的乐官，孔子向他学习鼓琴。有一次，孔子向师襄学习《文王操》，已经苦苦地练习了很长时间，师襄对孔子说："可以了。"孔子却说："我虽然已经熟悉了这个曲子的形式，但还没有掌握方法。"于是继续练了一些日子，师襄子又说："现在可以了吧，你已经会弹奏的技巧了。"但是孔子仍然说："不可以，我还未领会曲子的意境呢。"又过了相当长时间，师襄认为孔子这回真的可以结束练习了，可是孔子仍然认为自己并没弹好这首曲子。他反复钻研，终于体会到了琴曲的内涵，在乐曲中感受到了文王的形象，这才结束乐曲的学习。

这个故事反映了孔子"学而不厌"的一面，首先他不满足于"弹法"，还要进一步深入"数"——做事的策略；其次从形式上的"法""数"进一步深入"志"——内在的精神实质，这才算完成了学习任务。

【原文呈现】子曰："德之不修①，学之不讲，闻义②不能徙③，不善不能改，是吾忧也。"

【难点注释】①修：动词，修养。②义：正确，合乎道义的事情。③徙（xǐ）：原指迁移，这里是迁从，改变自己使行为更接近义。

【大意试译】先生说："品德不加以修养，学问不加以讲习，听到合于义的道理不能去照着做，有缺点却不能改正，这是我所忧虑的。"

【思维评析】本条目从反面表达观点。孔子把道德修养、读书学习和知错即改这三个方面的问题相提并论，在他看来，三者之间也有内在联系，因为进行道德修养和学习各种知识，最重要的就是要能够及时改正自己的过失（"不善"），只有这样，修养才可以完善，知识才可以丰富。

【故事解读】沈从文上学时很喜欢看戏。一天，村子里演木偶戏《孙悟空过火焰山》，沈从文从课堂里溜出来去看。他看得心花怒放、捧腹大笑，直到太阳落山，才恋恋不舍地回到学校。

第二天，刚进校门，老师严厉地责问他去哪里了，他支支吾吾，老师气得罚他跪在树下，并大声训斥："你看啊，楠木树天

天往上长，而你却偏偏不思上进。"

第三天，老师又把他叫去，对他说："大家都在用功读书，你却偷偷溜去看戏。昨天我虽然责罚了你，可这也是为了你好。一个人只有尊重自己，才能得到别人的尊重。"沈从文听了这番话，感动得流下了眼泪。他暗暗发誓，要做一个受人尊重的人。

我们都知道，沈从文长大后成了中国著名的作家和学者。沈从文看戏或许也一样能学到东西，但是老师却罚了他，因为他的做法不合校规，也就是违犯了作为学生的规矩；而只有守住校规，才能内化为当学生的观念和修养，而只有具备当学生的观念和修养，才能保证有好的学业成绩。

【原文呈现】子曰："志①于道，据②于德，依③于仁，游④于艺⑤。"

【难点注释】①志：心之所向。②据：遵守，执守。③依：依照，不违背。④游：游泳，引申为熟悉、学习。⑤艺：礼、乐、射、御、书、数为六艺，是古代学生的功课内容。

【大意试译】先生说："以道为志向，坚守德，不违背仁，在六艺中学习。"

【思维评析】孔子培养学生，就是以仁、德为纲领，以六艺为基本内容，使学生能够得到全面均衡的发展。换句话说，坚持德智双修、德育第一。我们也应该把品德修养放在首位，全方位提升自己的修养。

【故事解读】北宋书法界有"苏黄米蔡"四大家之说，苏轼、黄庭坚、米芾三人对后世影响力都很大。蔡京不仅是一位书法家，还是位高权重的官员。他在掌权期间，不顾国家实情，片面追求高消费，人为地制造"物庶民丰"的假象，导致国家储备枯竭，引发了宋朝历史上悲惨的"靖康之变"，被天下人列为"四大奸臣"之首，落得万世唾骂的下场。

因此，尽管蔡京的书法豪健洒脱，舒展飘逸，张弛有度，极为耐看，当时人们谈到他的书法时，称其"冠绝一时""无人出其右者"，就连米芾也曾经说自己的书法不如蔡京。但是，由于蔡京精于玩弄权术，醉心荣华富贵，是地地道道的政客。换句话说，是他个人的人格和德行使其书法艺术不能名正言顺地流传千古。

【原文呈现】子曰："自行①束脩②以上，吾未尝无诲焉。"

【难点注释】①自行：主动做……②束脩（xiū）：干肉，也叫脯。每条叫一脡（tǐng），十脡是一束。束脩即十条干肉。古代人见面会带上礼物，束脩是薄礼。

【大意试译】先生说："凡是愿意主动带着十脡干肉这样的薄礼来的人，我从没不给予指导、教诲的。"

【思维评析】"束脩以上"，是见面礼而非物质报酬，因此孔子恰恰强调的是自己诲人不倦的精神，也反映了他"有教无类"的教育思想。

【故事解读】周俊明是成都市龙泉驿区一位失去右臂、年逾古稀的残疾老人。从 2006 年开始，他利用女儿在小区里为他购买的一个铺面房办起了自己的书画室，开始义务为青少年教授书画艺术，并创建了关爱、帮助他人的成都龙泉驿诗书画教师志愿者协会，多年来义务助教学生数千人学习书画艺术。

周俊明年轻时因一场事故不幸失去了右臂。凭借着勤劳和智慧，从抬石头，当搬运工，到后来办企业，自强不息。2005 年，他走进了老年大学，开始学习用左手绘画、练字，数年间坚持不懈，单手作画写字已小有成就。后来，在社区居民的启发下，周俊明从此开始了他义务"收徒"的生涯。他利用自己的画室，不收学生一分钱学费，免费教学生和成人书画技能。仅从 2006 年至 2012 年的六年间，他的学生从几人增加到几百人。这六年

间，为了教学，他先后投入了十几万元，用于添置教学设施、租赁场地以及给聘请的教师发车旅费。

从周俊明身上，我们看到了真正的教育精神。

【原文呈现】子谓颜渊曰："用之则行，舍①之则藏，惟我与尔有是夫！"子路曰："子行三军②则谁与③？"子曰："暴虎④冯河⑤，死而无悔者，吾不与也。必也，临事而惧，好谋而成者也。"

【难点注释】①舍：舍弃不用。②行三军：出兵。三军，当时一个大国所有的军队。③与：共事。④暴虎：徒手与老虎搏斗。⑤冯（píng）河：指没有船徒步蹚过大河。

【大意试译】先生对颜渊说："有用我的，就去干；不用我，就去隐藏起来，只有我和你能这样了！"子路说："要是出兵打仗，您会和谁共事呢？"先生说："徒手打虎，徒步蹚过大河，即使死了也不悔悟的人，我是不会与他共事的。我要共事的人一定是遇事小心，善于谋略而有成功把握的人。"

【思维评析】"勇"是孔子道德范畴中的一个项目，但勇敢不是蛮干，而是"临事而惧，好谋而成"，这种人智勇兼具，符合"勇"的规定。

【故事解读】在明代无名氏的《杨家将》里，潘美（即潘仁美）是家喻户晓的白脸奸臣。然而，真实的潘美却是东征西抚、南战北伐、智勇双全的名将。据历史文献记载，宋太祖赵匡胤在陈桥驿黄袍加身后，碰到一个棘手的问题——自己回到京师后，如何得到百官拥戴、坐稳皇帝宝座呢？他想到了先派潘美回朝去传达他的命令。

潘美领命回朝。在朝会上，他当着太后、周恭帝和文武百官的面宣布了赵匡胤的命令。一听这消息，满朝官员如五雷轰顶，顿时目瞪口呆，一句话也说不出来。潘美趁机说："如和平解决的话，各位将各就各位，各得其所。"说完，他还流下眼泪……朝局于是稳定下来，赵匡胤也因此没费多大周折就顺利回京坐上了皇位宝座。据说当时的社会也"市不易肆"——做生意的人连货摊都没有收就改朝换代了。

潘美成了公布建立宋朝的第一人。这个"第一人"身上，除了勇敢外，还有既晓之以理（利害）又动之以情的办事策略。

【原文呈现】子曰："饭①疏食②，饮水③，曲肱④而枕之，乐亦在其中矣。不义而富且贵，于我如浮云。"

【难点注释】①饭：用作动词，吃。②疏食：指粗糙的饭食，粗粮。③水：古代以汤、水对称，汤是热水，水是冷水。④肱（gōng）：胳膊。

【大意试译】先生说："吃粗粮喝凉水，弯起胳膊当枕头用，乐趣也在这里了。用不义手段取得的富贵，对我而言就像天上的浮云一般。"

【思维评析】孔子极力提倡"安贫乐道"，认为有理想、有志向的君子，不会总是为自己的吃穿住而奔波的，"饭疏食，饮水，曲肱而枕之"，对于有理想的人来讲，可以说是乐在其中。同时，他还提出，不符合道的富贵荣华，他是坚决不予接受的，对待这些东西，如对待天上的浮云一般。这两点，对于读书求学的人、追求富裕生活的人以及已经过上了富裕生活的人，是不是都有所启发呢？

【故事解读】一天，一位推销员到一个人家中推销卡耐基的《人性的弱点》，这个人本来没有买书的计划，但当他看到书里面竟然有一张一百元钞票，就改了心思，将标价两百元的书五十元买了下来。他喜滋滋地想：白得一本书，还倒赚五十元真合算！但怎知，那推销员转身回来说，书里有自己放错地方的三百元现金，还说自己记得钞票的编号。这人虽然明白了推销员明显是来诈骗的，但他怕事情闹大了影响不好，只得蚀财免灾，最终花了二百五十元买这本书。

君子爱财，取之有道，如果不是你的钱和你的东西，你就算得到了，心里也不会安宁；反之，如果你能勤勤恳恳地工作，赚来的钱也会用得很踏实。更何况，天上不会掉馅饼，看上去十分值钱的东西，说不定就是骗子设的陷阱，来招引一些无知的人上当，真正的君子是连看都不会看一眼那些非分的贵重东西的。

【原文呈现】子曰："我非生而知之者，好古，敏以求之者也。"

【大意试译】先生说："我不是生下来就有知识的人，是因为我爱好古代文化，勤奋学习得到的啊！"

【思维评析】孔子说自己之所以成为学识渊博的人，有两个条件：第一，爱好传统文化（献）；第二，勤于思考。这是他总结出来的自己学业提升与修养得道的主要特点，值得我们借鉴。

【故事解读】在20世纪的中国著名学者中，钱穆可谓自学成才的典型。他走向大学讲台之前，先后做过10年乡村小学教师和8年中学教师，在这18年中，他笃志苦学，"未尝敢一日废学"，在三兼小学，他夜读《昭明文选》，倦极才入睡；在荡口鸿模学校，读章学诚《文史通义》等，读到"至形于梦寐间"；夏夜，为防蚊虫叮咬，他把双脚放入瓮中坚持夜读……

钱穆来自中国社会最底层的乡村，没有进过大学，没有接受过现代意义上的正规教育和学术训练，而是完全靠自学苦读成就了一番事业，从栖居乡野的小学教师成为著作等身、享誉海外的国学大师。钱穆的一生与20世纪的中国同行，可以说，他是20世纪中国教育和学术发展的见证人之一。

【原文呈现】子畏①于匡②。曰："文王既没③，文④不在兹乎！天之将丧斯文也，后死者⑤不得与⑥于斯文也。天之未丧斯文也，匡人其如予何？"

【难点注释】①畏：受到威胁，被拘禁。②匡：地名。孔子从卫国去陈国经过匡，匡地曾受到鲁国季氏家臣阳货的侵扰，孔子的一个学生颜克曾参与侵扰。这次是颜克为孔子驾车，孔子被误认作阳货而受到拘禁。③没（mò）：死。④文：指礼乐、法度、教化等传统文化。⑤后死者：孔子自称。⑥与（yù）：参与。

【大意试译】先生被拘禁在匡这个地方，他说："周文王已经死了，周代的文化传统不是都在我这里吗？若是上天要毁灭这文化传统，我这后死的人就不会掌握这个传统了。如果上天不想毁灭这个文化传统，匡人又能拿我怎么样呢？"

【思维评析】外出游说时被围困，这对孔子来讲，已经不是第一次，虽然这次是个误会。

值得我们关注的是，孔子有自己坚定的文化自信——他强调自己是周文化的继承者和传播者。这种高度的文化自信，今天我们理所当然要保有，因为中华优秀文化的血脉一直涌动在我们每一个华夏儿女的身上，从来不曾中断过。

【故事解读】儒家文化圈，也叫汉字文化圈，指的是历史上受中国政治及中华文化影响、过去或现在使用汉字，并曾共同使用文言文作为书面语、覆盖东亚及东南亚部分地区的文化区域。中国是儒家文化圈的核心国家，1840年以来，中国曾一度衰落，甚至面临亡国灭种的危险，但她现在重新崛起，已经是世界第二大经济体，工业生产能力超过美国，号称"世界工厂"，中国已成为经济实力能挑战美国的国家。"亚洲四小龙"——韩国、中国台湾、中国香港、新加坡是20世纪60年代到90年代发展迅速的经济体。日本、越南和新加坡等国都是曾经创造过经济奇迹或正在成为经济热点区域的国家。随着欧美陷入相对衰落，儒家文化圈内的各国在世界上的作用越来越重要。

有理由相信，以儒家文化为核心的中华文化会持续发挥文化软实力的作用，助推中国以及更大区域的经济发展。以儒家文化为核心的中华文化会助力我们实现中国梦。

【原文呈现】子贡曰："有美玉于斯，韫椟①而藏诸？求善贾②而沽③诸④？"子曰："沽之哉！沽之哉！我待贾者也。"

【难点注释】①韫椟（yùndú）：韫椟引申指怀才未用的意思。韫，收藏。椟，柜子。②贾（gǔ）：商人。古代行商称为商，有店铺的商人称作贾。③沽（gū）：卖，买。④诸："之乎"的合音字。

【大意试译】子贡说："有块美玉在这里，是把它放进柜子收藏起来呢？还是找个识货的商人卖掉呢？"先生说："卖掉它！卖掉它！我是在等识货的商人呢。"

【思维评析】孔子说自己是在"待贾者"，反映了孔子求仕的心理。对我们的启示是，一个人的价值在于为世所用。

【故事解读】1966年，陆步轩出生于西安市长安区，1985年以长安区文科第一名的成绩考入北京大学中文系。1989年，他从北京大学毕业分配到长安区柴油机厂工作，后来被迫"下海"，干过化工，搞过装修，做过小买卖，但都接连失败，负债累累。2000年，他在三十四岁时拿起了杀猪刀，开始了杀猪卖肉生涯。2003年7月，一篇《北大才子长安街头卖肉》的报道引起社会极大关注，陆步轩一夜之间成为家喻户晓的人物。2015年，陆步轩与北京大学师兄陈生联手打造的壹号土猪，在国内成为响亮的土猪肉第一品牌。

针对陆步轩名校毕业拿起屠刀从事卖猪肉这一看起来并不光鲜的职业，你怎么看？有一篇《陆步轩的屠刀闪烁着北大精神的光芒》的博文认为，陆步轩的举动体现了自尊和务实的态度，是值得肯定的。不论毕业于什么学校，只要为世所用、对社会做出贡献，他的人生都是有价值的。

【原文呈现】子欲居九夷①。或曰："陋，如之何?"子曰："君子居之，何陋之有?"

【难点注释】①九夷：古代称东方的九个民族，也指其所居之地。

【大意试译】先生想要到九夷去居住。有人说："那里很简陋落后，怎么能住呢?"先生说："有君子住到那里，有什么简陋的呢?"

【思维评析】中国古代，中原地区的人把居住在东面的人们称为夷人，认为此地闭塞落后，当地人也愚昧不开化。孔子自信能化育那里的人。

【故事解读】刘禹锡在任监察御史期间，参加了"永贞革新"。革新失败后，被贬至安徽和州县做通判。按规定，通判应在县衙里住三间三厢的房子。可和州知县故意刁难他，先安排他在城南面江而居，刘禹锡不但无怨言，还写下两句话贴在门上："面对大江观白帆，身在和州思争辩。"知县知道后很生气，吩咐衙里差役把刘禹锡的住处从县城南门搬到县城北门，面积由原来的三间减少到一间半。新居位于德胜河边，刘禹锡仍不计较，并见景生情，又在门上写了两句话："垂柳青青江水边，人在历阳心在京。"知县见其满不在乎，又让他搬到县城中部，而且只给一间仅能容下一床、一桌、一椅的小屋。

半年时间，知县强迫刘禹锡搬了三次家，面积一次比一次小，最后仅是斗室。刘禹锡提笔写下《陋室铭》，并请人刻上石碑，立在门前，以示自己高洁傲岸的情操和安贫乐道的隐逸情趣。今天我们通过阅读《陋室铭》，还可以感知到这位君子的精气神。

【原文呈现】子曰："譬如为山，未成一篑①，止，吾止也。譬如平地，虽覆②一篑，进，吾往也。"

【难点注释】①篑（kuì）：用来装土的竹筐。②覆：倾倒。

【大意试译】先生说："好比堆土成山，只差一筐土就堆成了，却停了下来，这是我自己停下来的呀。又比如在平地上堆土成山，虽然才倒下一筐土，如果保持前进继续堆，这也是我自己往前堆的。"

【思维评析】孔子在这里用堆土成山这一比喻，说明功亏一篑和持之以恒的深刻道理；鼓励自己和学生们无论在学问还是道德上，都应该坚持不懈。孔子表述观点的方式仍然是形象化的。

【故事解读】古时候的某一天，有一个人给自己定下一个目标：堆一座九仞（注：仞，古代长度单位。一仞，周制为八尺，汉制为七尺）高的山。开始，他不分日夜，不论严寒酷暑，不停地从远处挖土、挑土、堆土，年复一年，日复一日……终于到了一个隆冬天，也如往常一样，雄鸡刚刚叫，他就起床干活，一筐又一筐，眼看着自己堆的山就要到九仞高了，只差一筐土就能达成当初的目标，这时，天下起雪来，自己的肚子咕咕叫，他想，反正只差一筐土了，就回家去了……这样，至死，他也没堆上最后这筐土，这座只差一筐土就九仞高的山，终究没有堆成。

有人说，善始者不必善终。而这个故事却告诉我们，做事要慎始善终，善始善终。

【原文呈现】厩焚。子退朝，曰："伤人乎？"不问马。

【大意试译】先生家的马厩着火了。他退朝回来，知道了此事便急切地问："伤人了吗？"并不问马。

【思维评析】有人说，儒家学说是"人学"，这一条可以作为佐证的材料。孔子家里的马棚失火被烧掉了，当他听到这个消息后，首先问人有没有受伤。他只问人，不问马，表明他重视人不

重视财物，十分关心人。这是中国自古以来人道主义思想的发端。

【故事解读】2020 年春节期间，新冠疫情暴发初期，中国政府采取了系列举措，如自主隔离、戴口罩、筛查疑似病例、系统隔离感染患者、住院治疗等，提倡"早诊断、早隔离、早治疗"等"三早"手段，调动各类医疗人力资源，增加医疗基础设施建设，以此遏制疫情传播。同时，运用远程医疗提供医疗咨询，减少医患接触，提醒人们注意公共场所消毒及保持良好卫生习惯，以及对确诊病例采取定位及追踪等，信息技术的应用对中国政府遏制疫情传播发挥了重要作用。

更为可贵的是，为了挽救生命，中国政府为所有患者免费治疗，对重症患者，哪怕为抢救一个人花费数十万元也在所不惜，显示了生命高于一切、人民利益高于一切的执政理念。

其实，不只是这些，在 1998 年特大洪水、2008 年"5·12"汶川特大地震等大灾大难面前，都无不显示出国家这样的气概和力量，"人"始终被放在第一的位置。

【原文呈现】季氏富于周公①，而求也为之聚敛而附益之②。子曰："非吾徒也！小子鸣鼓而攻之可也。"

【难点注释】①周公：周天子左右的公卿，如周公黑肩、周公阅等。一说，指周公旦。②"而求也"句：季氏要用田赋制度增加赋税，让冉求征求孔子意见，孔子表示反对，可冉求依季氏实行了田赋制度。

【大意试译】季氏比周公还富有，而冉求却还在为他聚敛，增加他的财富。先生说："冉求不是我的学生了！你们可以敲着鼓去声讨他。"

【思维评析】这一条目的内容再次表明孔子藏富于民的民本思想。

【故事解读】有一个挖金矿的 A 先生，他挖金矿赚了一百块

钱。这时，他给自己两个选择：第一，他给十个挖矿工人每人一块钱，以维持工人的温饱，这样Ａ先生自己可得九十块；第二，给每个工人五块钱，十个工人一共五十块，这样Ａ先生自己只剩下五十块了。

Ａ先生是一个有智慧的人，他明智地选择第二个方案。他是这样判断和设想的：让这些矿工多得一些钱，吃饱之后，他们会再消费，而自己机会也就来了，除了挖金矿，他可以开一个大卖场来赚钱，而且为了开大卖场，可以再聘请十个女售货员，这些人会结婚生子，他们又拿出钱来买婴儿用品，自己又可以投资婴儿用品来赚钱了，甚至还可以从事地产开发，因为这些人成家立业，一定会有购房需求……

我们可以这样合理推想，当Ａ先生做了第二个选择之后，等到金矿挖完了，那个曾经的矿区说不定会发展成为一个富裕的小市镇。

这个故事清晰地告诉我们，利益上的互利和互惠何等重要！如果选择"独占"或"强占"，就必然是一派凄凉景象了！

【原文呈现】樊迟①请学稼。子曰："吾不如老农。"请学为圃②。曰："吾不如老圃。"樊迟出，子曰："小人哉！樊须也！上好礼，则民莫敢不敬。上好义，则民莫敢不服。上好信，则民莫敢不用情。夫如是，则四方之民襁③负其子而至矣，焉用稼？"

【难点注释】①樊迟：孔子的学生，姓樊，名须，字子迟。②圃（pǔ）：菜园，这里指菜农。③襁（qiǎng）：背婴儿的布兜、背带。

【大意试译】樊迟请求学习种庄稼。先生说："这个我不如老农。"樊迟又请求学习种菜。先生说："这个我不如老菜农。"樊迟出去了。先生说："真是个在乡野的小人啊，樊迟！君子在上位，只要能好礼，民众就不敢不尊敬；君子喜好仁义，民众就

不敢不服从；君子诚实守信，民众就不敢不真心对待。如果做到这些，那么四方的民众就会背着幼小的子女来请入籍，这样，耕户日增，耕地日辟，何必自己种庄稼呢?"

【思维评析】孔子毫不客气地指责想学种庄稼和种菜的樊迟是小人，可以清楚地看出他的教育思想：在上位的人（社会管理者或精英）不需要学习种庄稼、种菜之类的知识，只要重视礼、义、信也就足够了。而教育的目的，就是培养具有大局意识、宏观思维的知识分子，而不是培养实际操作的劳动者。这在当时的历史条件下有其相对的合理性，今天则要对这一教育观重新审视，辩证思考：当下社会，既需要孔子看重的管理人才，也需要长于实际操作的各类技术人才；而从人才的角度说，究竟做哪种职业选择，则需要从自身实际出发来判定。

【故事解读】徐立平，中国航天科技集团公司高级技师。他1987年入厂后，一直做航天发动机固体动力燃料药面微雕工作，这是一项世界级难题，它直接决定导弹的精准射程，稍有不慎，蹭出火花就会引起爆炸；0.5毫米，是固体发动机药面精度允许的最大误差，而经徐立平之手雕刻出的火药药面误差不超过0.2毫米，堪称完美。为了杜绝安全隐患，徐立平还自己设计发明了二十多种药面整形刀具，有两种获得国家专利，一种还被单位命名为"立平刀"。身为固体燃料药面整形组组长的徐立平，就是忍耐着常人难以想象的危险与寂寞，以精湛技艺和过人胆识"雕刻"火药，将一件件大国利器送入云霄，从航天"蓝领"一步步成长为大国工匠。

这个故事告诉我们，在当下，我们需要更多的专业人才——"老农""老圃"，他们与"不器"的"君子"都是建设国家的必备人才。

【原文呈现】阳货①欲见孔子，孔子不见。归②孔子豚③。孔

子时④其亡也而往拜之，遇诸涂⑤。谓孔子曰："来！予与尔言。"
曰："怀其宝而迷其邦，可谓仁乎？"曰："不可。好从事而亟⑥
失时，可谓知乎？"曰："不可。日月逝矣，岁不我与⑦。"孔子
曰："诺。吾将仕矣。"

【难点注释】①阳货：又名阳虎、杨虎。鲁国季氏的家臣，
曾一度掌握了季氏一家大权，甚而掌握了鲁国大权，是孔子所说
的"陪臣执国命"的人。②归：同"馈（kuì）"，赠送，馈赠。
③豚（tún）：小猪，这里指蒸熟的小猪。④时：同"伺（sì）"。
⑤涂：同"途"，途中，路上。⑥亟（qì）：副词，屡次。⑦岁不
我与：即岁不与我，年岁不等我。与，在一起，有等待的意思。

【大意试译】阳货想见孔子，孔子不见他。阳货就送孔子一
个蒸熟的小猪。孔子等到他不在家时去拜谢他。路上两人遇见
了。阳货对孔子说："来呀！我有话和你说。"阳货说道："你自
己藏了宝贝，却让整个国家迷惑失道，这算是仁吗？怕不算仁
吧。你心好做事，又屡失时机，这算是智吗？怕不是智吧！光阴
一天天过去，年岁不会等着你呀！"先生说："好吧，我打算做
官了。"

【思维评析】孔子的既不失礼——不想见阳货而在对方不在
的时候回访——在阳货一番劝解之后决定出仕做官，这是智慧；
阳货用孔子自己极力主张的"仁"和"智"，来对照孔子践行，
看出他做得并不到位，显示出其以子之矛攻子之盾的智慧。

【故事解读】一天，阿凡提正在沙滩上忙活。

国王好奇地问："阿凡提，干什么呢？"

阿凡提恭敬地回答："陛下，我正忙着种金子呢！"

国王瞪大眼睛："快快告诉我，阿凡提，那会怎样呢？"

"尊敬的陛下，现在把金子种下去，过几天来收割金子啊。"

"亲爱的阿凡提，要种就多种点。种子尽管到我宫里来拿好
了！长出来的金子，咱们二八分成，我得八成就行了。"

阿凡提装作勉强应允的样子。

第二天，阿凡提到宫里拿了两斤金子，一个礼拜后，他给国王送去"收割"的金子。

国王笑得合不拢嘴，又叫人把库藏的好几箱金子交给阿凡提种植。

阿凡提把金子分给了穷人。

又过了一个礼拜，阿凡提垂头丧气去见国王。

国王一见阿凡提，笑眯眯地问："阿凡提，金子呢？"

阿凡提号啕大哭地说："陛下，这次我们倒霉了！一连好几天滴雨不下，太阳烤得大地冒烟，咱们的金子都干死啦！别说收成，连种子也赔进去了。"

国王勃然大怒："阿凡提，金子哪会干死？你骗鬼去吧！"

阿凡提说："陛下，您不相信金子会干死，怎么又相信金子种了能生长呢？"

国王无言以对，只好自认倒霉。

故事中，阿凡提的智慧，既在于利用国王的贪婪、对国王反唇相讥，又在于把从国王那里得到的金子用于帮助穷人。

【原文呈现】子不语怪、力、乱、神。

【大意试译】孔子平常不讲的有四方面的事：一怪异，二暴力，三变乱，四鬼神。

【思维评析】孔子大力提倡"仁德""礼治"等道德观念，在《论语》一书中，很少见到孔子谈论怪异、暴力、变乱、鬼神，他是"敬鬼神而远之"的，偶尔谈及这类问题时，都是有条件的，这有其合理性；但世间一切现象和问题，都应该是我们思考的对象，换句话说，思考无禁区。

【故事解读】袁枚是清代乾隆时代有名才子，他的小诗《苔》"白日不到处，青春恰自来。苔花如米小，也学牡丹开"我们耳

熟能详；其笔记小说《子不语》《续子不语》，共三十四卷，收集短篇故事一千二百多个，专门讲神鬼等奇怪的事。袁枚在序言中说："怪、力、乱、神，子所不语也。"告诉我们，因为孔子不讲而他要讲，所以书名为《子不语》。还有纪晓岚的《阅微草堂笔记》、康熙时代蒲松龄的《聊斋志异》，再加上王渔洋的《池北偶谈》等，清初几大名士的作品，都充满"怪、力、乱、神"的故事。

　　面对当今的"怪、力、乱、神"，没有必要如孔子一样"不语"、避而不谈；相反，我们必须直面它，而且要独立思考，正确判断，合理选择。

　　【原文呈现】子温而厉，威而不猛，恭而安。

　　【大意试译】孔子温和而严肃，有威严但不凶猛，恭敬而安详。

　　【思维评析】孔子认为人有各种欲与情，这是顺应自然的，但人所有的情感与欲求，都必须合乎"中和"的原则。"厉""猛"等都有些"过"，而"不及"同样是不可取的。实际上，为人做事"度"和分寸的把握很难，正因为如此，拿捏好分寸，做到适度也成为一种智慧。

　　【故事解读】"关关雎鸠，在河之洲。窈窕淑女，君子好逑"，是《诗经》第一首诗《周南·关雎》中的诗句，这首诗是描写男女恋爱的情诗，却得到主张"立于礼"的孔子赞赏，说它"乐而不淫，哀而不伤"。为什么呢？因为《关雎》既不像《王风·采葛》中的女主人公，直率地吐露自己和情人"一日不见，如隔三秋"的刻骨相思；又不像《郑风·风雨》中的情人，和盘托出相会时的喜悦之情。

　　孔子所赞赏的实际上是"中和之美"。中和之美的"中"包括两方面的内容：一方面，就审美客体而言，美质要适中。也就是说，形状的大小、声音的高低、色彩的浓淡要适度。如色彩，过分浓艳，只会使人眼花缭乱；反之，过分简淡，则无法给人们留下较深刻的印象。另一方面，就审美主体而言，美感要适度。俗话说：食多无味。从饮食的适量与过量，我们可以体味到美感的适度与过度。美感享受的适中，给人带来快感，使人心境平和、情绪愉快。

【原文呈现】 子罕言利，与①命，与仁。

【难点注释】 ①与：赞成。

【大意试译】 先生很少谈论财利，只赞同命运和仁德。

【思维评析】 "子罕言利"，说明孔子对"利"的轻视。在《论语》中，我们多处见到他谈"利"的问题，主张"先义后利""重义轻利"，把重心放在"义"上面。

此外，本条目说孔子赞同"命"和"仁"，表明孔子对此是十分重视的。孔子讲"命"，常将"命"与"天"相连，即"天命"，这是孔子思想中的一个组成部分。孔子当然还讲"仁"，这是他思想的核心。

【故事解读】 张瑞敏是海尔集团党委书记、董事局主席和首席执行官。1985年的一天，他的一位朋友到海尔买一台冰箱，发现很多台都有毛病，最后勉强拉走一台。朋友走后，张瑞敏派人把库房里的四百多台冰箱普查了一遍，发现共有七十六台存在不同问题。怎么办？多数人提出，便宜点儿处理给职工。当时一台冰箱的价格八百多元，相当于一名职工两年的收入。张瑞敏说："我要是允许把这七十六台冰箱卖了，就等于允许你们明天再生产七十六台这样的冰箱。"他决定，全部砸掉这些冰箱，谁干的谁来砸，并抡起大锤亲手砸了第一锤！很多职工含着眼泪砸了冰箱……

之后一个多月里，张瑞敏主持了一个又一个会议，讨论"如何从我做起，提高产品质量"并付诸实施。三年以后，海尔人捧回了我国冰箱行业的第一块国家质量金奖。

张瑞敏是企业家，他把信誉（"义"）放到了第一位，其结果是提升了质量，赢得了更大利益。

【原文呈现】子绝四：毋①意②，毋必③，毋固④，毋我⑤。

【难点注释】①毋：意即"无"，古今通用。②意：凭空揣测。③必：绝对化。④固：固执拘泥，顽固不化。⑤我：自以为是，自大。

【大意试译】先生平时没有这四种毛病：他不凭空揣测，不绝对化，不顽固拘泥，不自以为是。

【思维评析】"绝四"是孔子的一大思维特点：不主观臆断，不绝对化看问题，不固执成见，不囿于一己之见。这些都具有恒久的思想价值和魅力，值得我们思考和汲取。

【故事解读】一天，孟子的妻子独自一人呆在屋里，孟子从外面突然闯进来，瞧见她姿势不雅，顿时无名火起，立即跑到母亲面前告状说："她对我无礼，我今天非把她赶出家门不可！"孟母问："究竟是出了什么事，惹得你要休妻呀？"孟子答道："刚才她蹲在屋里，姿态真难看，这是对我无礼，我得休了她！"

孟母追问道："你说说，你是怎么发现她蹲在屋里的？"孟子回答："是我亲眼所见，我刚才推门一看……""别说了，我听明白了。"孟母大声斥责儿子说："这分明是你无礼，不是你妻子无礼！"

孟子有些茫然。孟母接着解释说："俗话说'将入门，问孰存；将上堂，声必扬；将入户，视必下'。不管是进谁的门，都要事先敲一下门，或者大声地咳嗽一声，好叫人家知道有人来了，不能乘人不备，来个突然闯入。可你到你妻子的私人空间，进门前不敲门，不声不响地往里闯，见了你妻子蹲着，你却还在看，这叫你妻子怎么办？这不正是你无礼吗？怎么能说是你妻子无礼呢？"

孟子没有想到，母亲从同一事情得出了相反的结论。孟母批评虽很尖锐，但是有根有据，于是孟子赶紧认错。

【原文呈现】 子入太①庙，每事问。

【大意试译】 先生进入太庙，遇到每件事，他都要问。

【思维评析】 "每事问"并非孔子不知礼，而是他认为太庙中有不当的设置，需要质疑问询，这反映的是他有质疑精神。

【故事解读】 湖北省监利县12岁的小学生聂利在养蜂场玩时发现许多蜜蜂聚集在蜂箱上，翅膀没动也嗡嗡作响，他对《十万个为什么》等书上关于蜜蜂靠翅膀振动发出声音的说法产生怀疑，经过试验和研究，写出《蜜蜂并不是靠翅膀振动发声》的论文，获2003年第18届全国青少年科技创新大赛银奖和高士其科普专项奖。

总说"我不行"，妄自菲薄，实际上是放弃发现问题、创造成果的可能，也丧失了挖掘潜能、提高素质的机会。不拘一格的想象、不计得失的心态，是创新的重要前提。年轻人好奇心强，思想解放，很少瞻前顾后，从这个意义上说，年轻人更具有一种敢于质疑的天然优势。充分发挥这种优势，敢于质疑，大胆探索，一定能拓宽自己锻炼和展现聪明才智的舞台。

【原文呈现】 颜渊喟①然叹曰："仰之弥②高，钻之弥坚，瞻之在前，忽焉在后。夫子循循然③善诱④人，博我以文，约我以礼。欲罢不能，既竭吾才，如有所立卓尔⑤，虽欲从之，末⑥由⑦也已。"

【难点注释】 ①喟（kuì）：叹息，叹气。②弥：越发，更加。③循循然：有次序的样子。④诱：引进，诱导。⑤卓尔：高峻。

⑥末：无。⑦由：途径。

【大意试译】颜渊叹气说："我仰慕老师的品德知识，越望觉得越高，越钻研觉得越艰深，一会儿看着像在前面，忽然又像是在后面。先生善于一步一步来诱导人，用文章来丰富我的知识，用礼仪来约束我的行为，使我想停止前进也不可能。但我已经用尽了我的才力，好像有高大的东西立在前面。虽然想要追从，但没有途径了。"

【思维评析】颜渊在这里极力推崇自己的老师，认为孔子的学问与道德高不可攀。此外，他还谈到孔子对学生的教育方法，"循循善诱"成为日后为人师者遵循的原则之一。事实上，从教育者的角度看，成功的教育首先是要动人情怀的，要让人着迷才行。

【故事解读】孔子被尊为"至圣先师"，很多人只知道他是"文圣"，不知道他还膂力过人、武艺超群、颇通军事。孔子父亲叔梁纥身材魁梧，骁勇善战，以军功升为陬邑大夫。据《左传·襄公十年》记载，在诸侯联军进攻逼阳的关键时刻，叔梁纥曾挺身举起沉重的悬门，直到入城联军全部撤出。孟献子因此引《诗》称他"有力如虎"。

《史记·孔子世家》记载，孔子身高有两米多。《吕氏春秋·慎大》说"孔子之劲，举国门之关，而不肯以力闻"。可见，孔子虽无意以勇力成名，却也像其父亲一样身材魁梧、膂力过人。

《史记·孔子世家》说孔门"弟子盖三千焉，身通六艺者七十有二人"，是说七十二位高徒精通射御；《论语》里也记载孔子教学生"礼、乐、射、御、书、数"六门课。可见，孔子是向弟子们传授武艺等军旅之学的。

孔子文武双全，仁智双彰，具备常人所不具备的修养，成为世世代代人们景仰的对象，名副其实。

【原文呈现】陈子禽①谓子贡曰："子为恭也？仲尼岂贤于子乎？"子贡曰："君子一言以为知②，一言以为不知，言不可不慎也。夫子之不可及也，犹天之不可阶而升也。夫子之得邦家者，所谓立之斯立，道③之斯行，绥之斯来，动之斯和，其生也荣，其死也哀，如之何其可及也。"

【难点注释】①陈子禽：陈亢，字子禽。参见《学而·第一》第十章注。②知：同"智"。③道：同"导"。

【大意试译】陈子禽对子贡说："您对仲尼故意表现恭敬的吧，仲尼怎么能比你贤良呢？"子贡说："君子只需一句话就能表现出明智，只需一句话也可以表现出不明智，说话不可以不谨慎啊。我先生不可企及，就像天一样没有阶梯给你攀登而上。我们先生如果能得到治理国家的权位，就像所说的：教民立，民就立；导民行，民就行。经过他安抚，人民都来归附；经过他鼓动，人民和睦团结。他活着时，大家很荣耀；他死了，大家都很悲伤。这样的人，我怎么能赶得上呢？"

【思维评析】这一条目中，我们除了明白在孔子弟子眼里，自己的老师孔子是一个治理国家的能人以及学生由之而产生的景仰之情外，还得关注"夫子之不可及也，犹天之不可阶而升也"是用形象的比喻表达了景仰之情，形象表达与直白的概念式表达相得益彰。在《论语》中有很多这样的例子，值得学习。

【故事解读】1984 年，孔子基金会创办。

1994 年 10 月，国际儒学联合会在北京人民大会堂宣布成立。

2004 年 3 月，孔子的家乡济宁建成"中华文化标志城"，并将对外汉语传播机构命名为"孔子学院"。以孔子学院为象征，中国政府明确向全世界表达了展示自我文化立场的意愿。

2013 年 11 月，在孔子研究院，习近平看到《孔子家语通解》《论语诠解》两本书时，他拿起来翻阅，说道："这两本书我要仔细看看。"

2014 年 5 月 4 日，在北京大学人文学院，习近平与 87 岁的著名哲学家汤一介促膝交谈，了解《儒藏》编纂情况，赞扬他为中华优秀传统文化继承、发展、创新作出了很大贡献。同年 9 月 24 日，在人民大会堂，习近平出席国际儒学联合会举行的纪念孔子 2565 周年诞辰国际学术研讨会并发表重要讲话。

所有这一切表明，孔子以及他所代表的中华优秀传统文化已跨越时空，活在当下，影响当代。

【思考与探究】

1. 从《论语》有关文本出发，梳理出孔子的人格特征，并尝试对其做出评价。

2. 有人说：孔子一生的活动是围绕"幸福"展开的。对此你如何评价？请结合自己学习所得，谈谈自身的感受。

【练习与活动】

请围绕"人生""修炼""学习""思考"等话题，阅读《孔子家语》《孔丛子》《庄子》《史记·孔子世家》《史记·老子韩非列传》和《孔子传》（钱穆）等作品，把孔子与我们自身联系起来，感受孔子各方面的魅力所在。

第二单元　自我与他人

马克思主义哲学认为：联系是普遍的，孤立的个人是不存在的。人是社会性的动物，因此在学习、工作、生活中都少不了与他人交往。在自我与他人的关系中，儒家主张"知"，即知己与知人；主张"孝悌"，以孝悌和亲；主张"忠信"，以忠信善友。儒家强调推己及人，"己"处于主动地位，而"人"处于被动地位，自己做一个坦坦荡荡、胸怀磊落的正人君子，才能很好与人相处，故应尊师重道，修己立德。

第六课　己与人

儒家重视修身，以君子人格作为标准。怎么修身？贵在学习与反省。人不是一座孤岛，得向他人学习，认识他人是为了更好地认识自我，完善自我，发展自我。"见贤思齐"，一个人就是一所学校。在变化的大时代下，个人如何安身立命？本课会给大家很多启发。

【原文呈现】子曰："学^①而时习^②之，不亦说^③乎？有朋自远方来，不亦乐乎？人不知而不愠^④，不亦君子乎？"

【难点注释】①学：诵，习义。凡诵读练习皆是学。②时习：有三说。一指年岁：古人六岁始学识字，七八岁教以日常简单礼节，十岁教书写计算，十三岁教歌诗舞蹈，此指年为时。二指季节：古人春夏学诗乐弦歌，秋冬学书礼射猎，此指季节为时。三指晨夕：温习、进修、游散、休息，依时为之。习者，如鸟学飞，数数反复。③说：同"悦"，欣喜。④愠（yùn）：怫郁之义，怨之义。

【大意试译】先生说："能不断学习，我不也很欣喜吗？有很多朋友从远方来，我不也很快乐吗？别人不知道我，我心不存些

91

微怫郁不欢之意，不正是一位修养有成的君子吗?"

【思维评析】这则重点在"学而时习之"，学贵时习，人之为学，当日复日，时复时，年复年，反复不已，老而无倦。孔子十五志于学，三十而立，苟非时习不能抵达圣人之境。学习者唯有坚持"学而时习之"，才能真正感受到学习带来的"悦"与"乐"。悦之在心，学能时习，所学渐熟，入之日深，心中欣喜。乐见于外，学之乐在于可以交到志同道合的真朋友；学问精深，为人师亦可。孟子曰："乐得天下英才而教育之。"慕我者自远方来，教学相长，我道日广，故可乐也。学求深造日进，道日深远，别人不能尽知道之高之大，心里无怨。因为学以为己为道，人不知，亦无可愠，此乃君子的风范。学习者内心，有悦、有乐、有愠与不愠之辨，不受时限，通于古今，故而可贵。

【故事解读】百里奚颇有才学，秦穆公用五张黑色公羊皮将他从楚国赎回，一见面，穆公就问："老先生贵庚几何?"百里奚说："正好七十岁。"穆公叹息说："唉，你已经老了!"百里奚和顺地说："当年周文王礼遇吕尚时，吕尚已有八十岁了，我今日遇到主公时，比他还小呢!"秦穆公顿时醒悟，急忙走下堂，虚心向他请教如何治国。

百里奚不因穆公怀疑而感到郁闷怨愤，巧用事例，自比吕尚，希望穆公学文王礼贤下士，取得了秦穆公的信任，受到重用。

【原文呈现】曾子①曰："吾日三省②吾身。为人谋，而不忠③乎?与朋友交，而不信④乎?传⑤，不习乎?"

【难点注释】①曾子：名参，字子舆，孔子晚年弟子。②省(xǐng)：反省、省察。③忠：尽心尽力。④信：诚实不欺。⑤传：有两解。一是师传之于己，一是己传之于人。

【大意试译】曾子说："我每天常多次反省我自己。我替人谋事，没有尽我的心吗？我和朋友相交，有不诚信的吗？我所传授于人的，有不是我自己所日常讲习的吗？"

【思维评析】反省内求是儒家提倡的修养方法，反省是为完善自己的人格修养。做事有尽心，交友有诚心，学习有恒心，体现曾子以"孝恕忠信"为核心的思想观、"修齐治平"的政治观、"内省慎独"的修养观，孟子称曾子为"守约"，后世尊其为"宗圣"，这与曾子善于自我反省是有关系的。每个人都有自身的缺点，学会在日常学习与生活中审视自己，对自己坦诚，看见真实的自己，进而弥补自身的不足，修正自己的不当行为，对于完善自己的道德修养大有裨益。

【故事解读】我国著名科学家、农工民主党原主席卢嘉锡先生也为自己题写了"三省"的座右铭："吾日三省吾身，为'四化'大局谋而不忠乎？与国内外同行交流学术而乏创新乎？奖掖后进不落实乎？"卢嘉锡先生的"三省"恰好是从他的三重身份对自己提出的三方面要求：作为领导，奉行"谋忠"；作为科学家，追求"创新"；作为教育家，注重"掖后"。

【原文呈现】子曰："不患人之不己知^①，患不知人也。"

【难点注释】①不己知：即"不知己"，是倒装句式。知，理解，了解。

【大意试译】孔子说："不要愁别人不知我，该愁我不知人。"

【思维评析】这则提出"不患"与"患"，其实涉及"知己"与"知人"两个方面。首先，人贵在"知己"。一个人注重自身修为，品行学问足够优异，又何惧别人不了解自己呢？儒家提出了一个修身理想目标——君子，并从修德与修智两方面提出许多具体要求。君子修德，要懂得"孝悌""谨信""仁爱"。君子修智要"举一隅"而"三隅反"，学习内容要广博，要"游于艺"。只有不断完善自我，提高自身素质，别人才有机会了解你，才能达到"不患人之不己知"的境界。其次，人贵在知人。知人，是我们与人交往过程中的一个重要步骤。怎么知人？孔子说："始吾于人也，听其言而信其行，今吾于人也，听其言而观其行。"这里指出，想要了解一个人，观察他的行为也是一个重要的途径。当然，表面的言行仍不足以了解一个人，更要通过长期的各方面的观察了解。

【故事解读】有一次，孔子和他的弟子们被围困在陈、蔡一带，连续七天没有食物可吃，子贡就冒险突出重围，用自己身上仅有的财物，到外面换了一点米回来，希望给大家充饥。可是，被困的人数众多，换回的米却是很有限的。颜回和子路便找了口大锅，在一间破屋子里，为大家煮稀粥。一会儿，子路有事离开了，剩颜回一人盯着。恰巧这时子贡从旁边经过，一扭头，正好看到颜回拿着一把小勺往嘴里送粥喝呢。子贡看了心里便有些不高兴，于是来到了老师孔子的房间。子贡向老师行礼后，问孔子："老师，有爱心、有气节的人在遇到困难，面临穷苦的环境时，会改变气节吗？"孔子立刻回答道："如果在穷困的时候，就改变了气节，那怎么还能算是有爱心、有气节呢？"子贡接着又问孔子："像颜回这样的人，该不会改变他的气节吧？"孔子非常明确地回答："当然不会。"这时候，子贡便将看到颜回偷吃粥的事，告诉了孔子。孔子听了，却没有显出很惊讶的样子，他说："我相信颜回的人品已经很久了，虽然你这么说，但我还是不能因为这一件事就怀疑他。可能其中有什么缘故吧，你不要讲了，我先问问他。"

于是，孔子便叫来颜回，对他说："前几天，我做梦，梦到了自己的祖先，想必是要保佑我们的吧？你的粥做好了之后，我准备先祭祀祖先。"颜回听了，马上恭恭敬敬地对孔子说："老师，这个粥已经不能用来祭祀先祖了。"孔子一听，问："这是为什么呢？"颜回回答说："我刚才在煮粥的时候，粥的热气散到了

屋顶，掉下来一小块黑色的尘土掉到粥里。它在粥里，就不干净了，我就用勺子舀起来，想要把它倒掉，但又觉得很可惜，于是便吃了它。吃过的粥再来祭祀先祖，是不恭敬的啊！"孔子听后一笑，说："原来是这样，如果是我也一样会吃了它的。"

老子说"知人者智"，"知人"是人际交往中的重要智慧，因为知人不是一件容易的事，需要"视其所以，观其所由，察其所安"，这是一个长期的过程。孔子正是因为了解颜回才做出了正确的判断，子贡正是因为不了解颜回才会怀疑他偷吃。

【原文呈现】 子曰："不患无位，患所以立①。不患莫己知②，求为可知也。"

【难点注释】 ①立：站住脚。②莫己知："莫知己"，没人知道自己。

【大意试译】 先生说："不要愁得不到职位，该愁自己拿什么来立在这个职位上。不要愁没人知道我，该愁我有什么可为人知道的。"

【思维评析】 这则强调的是一个"立"字。人立起来了，位不用愁，自会有之；名不用求，自会远扬。那么凭什么"立"？钱穆先生说："求为可知，即先求所以立于其位之才德。"东汉张衡在《应间》中主张"君子不患位之不尊，而患德之不崇；不耻禄之不夥，而患知之不博"，可见立德与立学是最重要的两端。德不配位，必有灾殃；智小而谋大，必启祸端。君子求其在我，不避位，不汲汲于求位。君子反求诸己，靠自立立于世，靠自强强于人。

【故事解读】 东汉时期的著名经学家、教育家任末，年幼时与景鸾等学者去都城洛阳求学。他通晓谙熟《五经》，尤喜精读深研西汉齐人辕固生所传《诗经》且别有心得，于京师游学教书十余年。但别有意味的是，任末名垂史册既源于他的高深学问，也源于他爱友尊师的义举。《后汉书·儒林传》记载："友人董奉德于洛阳病亡，末乃躬推鹿车，载奉德丧致其墓所，由是知名。"我们今天讲立德树人，先人们早就在践行，并为今人做了表率，任末就是典范之一。

【原文呈现】子曰："见贤①思齐②焉，见不贤而内自省③也。"

【难点注释】①贤：有才德的人。②齐：用作动词，向……看齐，与……等同。③省：反省，内省。

【大意试译】先生说："遇见贤人，当思与之看齐，遇见不贤之人，当自反省莫要自己也和他一样。"

【思维评析】"见贤思齐"是人们学习、修身、进学的最好方式之一。贤人是德才兼备者，古圣先贤尧、舜、禹、汤、文、武、周公、孔孟等固然要学，身边的贤人更要学习。荀子讲："学莫便乎近其人。"孔子说："能近取譬，可谓仁之方也已。"求仁无须好高骛远，可从身边开始，孔子说："三人行，必有我师焉，择其善者而从之，其不善者而改之。"就是要我们向周边人学习，随时随地学习。我们身边有很多平凡人，只要你细心观察，就会看到他们身上"贤"的品质，有很多值得自己学习的优点。而对于他们身上的缺点，则要警惕。孔子还有一句话："见善如不及，见不善如探汤。"见到好的就要学习，见到不好的就要引以为戒，这也正应了《老子》的那句话："善人者，不善人之师；不善人者，善人之资。"

【故事解读】南朝时候，吕僧珍是饱学之士，他生性诚恳老实，待人忠实厚道。他的家教极严，对每一个晚辈都耐心教导，严格要求，所以他家形成了优良的家风。南康郡守季雅为官清正耿直，遭到排挤贬谪。罢官之后，一家人只好另寻住处。到哪里去住呢？他四处打听，很快就从别人口中得知，吕僧珍家是一个君子之家，家风极好。他不禁大喜，经过仔细观察，他发现吕家子弟个个温文尔雅，知书达理。说来也巧，吕家隔壁的人家要搬到别的地方去，打算把房子卖掉。季雅赶快去找这家主人，愿意出一百一十万钱的高价买房，那家人很是满意，二话不说就答应了。吕僧珍过来拜访这家新邻居。两人寒暄了一番，吕僧珍问季雅："先生买这幢宅院，花了多少钱呢？"季雅据实回答。吕僧珍很吃惊："据我所知，这处宅院已不算新了，也不很大，怎么价钱如此之高呢？"季雅笑了，回答说："我这钱里面，十万钱是用来买宅院的，一百万钱是用来买您这位道德高尚、治家严谨的好邻居啊！"

米开朗琪罗说："当我看到一个具有才能或思想的人，我不禁要热爱他，我可以全身心托付给他，以至我不再是我了。"说的就是季雅这样的人啊。

【原文呈现】 子曰："躬自①厚而薄责于人，则远怨矣。"

【难点注释】 ①躬自：自身。

【大意试译】 先生说："对自身督责严，对人督责轻，便可远避自身的怨恨了。"

【思维评析】 有过错主动承担主要责任，是"躬自厚"；对别人多谅解、多宽容，是"薄责于人"，如此才不会招致他人的怨恨，这是保持良好和谐人际关系不可缺少的润滑剂。这种原则追求的是互信、宽容和坦荡，德国哲学家叔本华说："宽容是需要智慧的，宽容了别人，等于善待了自己。"把"躬自厚而薄责于人"作为处世之道，也并非一味责己，一味退让，一味迁就别人，而是同时要保持的人格独立。面对恶意诽谤与攻击，孔子反对"以德报怨"，主张"以直报怨"，就是以公平正直的态度来回报怨恨，既不主张以牙还牙的同态复仇，也反对匿怨而友其人的软弱逃避。

【故事解读】辛弃疾任镇江安抚使时，遭到金兵围困，按约定陈亮三天内引兵救援，与辛弃疾内外夹击金兵。到第五天，依然没有陈亮的消息，城内几近粮竭，第七天，陈亮才率兵前来，里应外合很快攻破金兵。大家以为辛弃疾会指责陈亮失信，没想到在听完陈亮诉说遇金兵围堵后，辛弃疾只是淡然一笑。这时，辛弃疾的手下恍然大悟："原来大人早知陈将军会失信，所以提前做好准备。"辛弃疾摆摆手说："战场上的局势复杂多变，随时有难以预料的意外发生，所以不要把所有希望都寄托在他人身上，我不会责怪陈将军失信；若金兵再围困十天而援军不到我们就会因为粮食匮乏全军覆没了，那时将是我的大罪，每想到此我便自责不已！"在情况危急之时，援兵却迟迟不到，化险为夷后，辛弃疾没有一味指责陈亮，而是反复检讨自身的过失，这样的胸襟让人心生敬意。

【原文呈现】子曰："视其所以①，观其所由②，察其所安③，人焉④廋⑤哉？人焉廋哉？"

【难点注释】①所以：以，因。指其行为之动机与居心。②所由：由，经由。此指其行为之趋向与心术。③所安：安，安定安乐。此指其行为之意态与情趣。④焉：表疑问的代词，何处，哪里。⑤廋（sōu）：隐藏，隐瞒。

【大意试译】先生说："要观察他因何去做这一件事，再观察他如何去做，再观察他做此事时心情如何，安与不安。如此般观察，那人如何自己隐藏呀！那人如何自己隐藏呀！"

【思维评析】此则讲的是观察人的道理。"视"看动机，"观"看行动，"察"看意趣，这三看，由表及里，由浅入深，由用眼观察到用心观察，从思想、行为、涵养三个方面观察一个人，基本看清一个人的全貌，使其无处遁形。

【故事解读】相传有一次，曾国藩约了三个人面试，可过了

预定的时间很久，尚未被召，会客室里的三个人因此各具情态：一人静坐沉思；一人走来走去；一个人脸上十分生气，摆出一副不耐烦的样子。到了傍晚，曾国藩派人告诉他们三个人，可以回家等候被用，不必见面了。这些人不懂何故，曾国藩说："此三人在屋内时，我已观察过了，那个沉思的人，心情不畅，活得不久，但个性为人却很稳重；来回踱步的，器度胆识不凡，刚强沉着，实在是不可多得之才；那个不耐烦的，英勇果敢，一定可败敌，然而有点心急，成功之后可能会殉国，这三人都是军中所需要的人才。"后来经过事实证明，沉思的人是王某，一年多病发，功劳不显扬。踱步的是彭玉麟，立军功建水军，官至兵部尚书，部下皆诚服于他。不耐烦的是江忠源，勇敢好战，常常建立军功打胜仗，进官至安徽巡抚后，即在庐州三河镇力战殉国，被追加封号为忠烈。

所谓"知人则哲"，大意是：能识别人就是聪明。人是复杂的，所以能够知人，识别出哪些是好人，哪些是坏人，哪些是有才能的人，哪些是平庸的人，就是聪明，这对于己于团队于国家都很重要。

【原文呈现】子贡问曰："乡人皆好之，何如？"子曰："未可也。""乡人皆恶之，何如？"子曰："未可也。不如乡人之善者好之，其不善者恶之。"

【大意试译】子贡问道："一乡人都喜欢他，这人如何呢？"先生说："不能说是好啊。"子贡又问："一乡里人都厌恶他，这人如何呢？"先生说："也不能说是好呀！不如乡人里的善人喜欢他，不善的人厌恶他。"

【思维评析】本部分内容谈如何正确评价一个人。听取众人的意见是应当的，这也是判断一个人优劣的依据之一，但不是唯一的依据，"群众说了算"，这句话不能滥用。孔子把握住了一个原则，即不以众人的好恶为依据，而应以善恶为标准。一个和任何人都能打好交道的"好好先生"，只会在磨圆了自己的棱角的同时失去了自我；而一个与谁都不交好的人，则难以在社会立足。

【故事解读】第二次世界大战时期德军的战俘营里有一个法国人，他为德国人工作，负责每日搬运尸体。他甚至把没死的人也拉上焚尸场。法国人都用最恶毒的语言咒骂他，骂他是叛国贼。然而当第二次世界大战结束后，人们却惊奇地发现他其实在路上把许多没死的人放走，让他们逃离纳粹魔掌，重获自由。法国人为他们先前的不明事理而愧疚，那个不知名的人成了他们心目中永恒的英雄。"善"是评价一个人好与不好的基本标准，正人君子之所以"善者好之"，是因为其有仁德；之所以"不善者恶之"，也因为其有仁德。如果"善者""不善者"都喜欢他，那他一定是即无善行又无恶行且又四面讨好的"和事佬"，这种人对社会没有好处。

【思考与探究】

每个人都不是一个孤岛，自我与他人必然发生联系，新时代我们该如何修炼自己，才能更好地与他人相处呢？请结合本课的观点和实际，谈谈你的看法。

【练习与活动】

孔子说"三人行，则必有我师焉"，主张向他人学习；萨特认为"他人即是地狱"。请选取自己赞同的观点，并就此开展一次小型辩论会。

第七课　孝与悌

何为孝?《尔雅》定义是"善事父母为孝"。仅仅"事父母"就算孝吗? 孔子认为关键是"敬",本课重点就在一个"敬"字。至于"悌",意思是敬兄,敬兄的实质是要求人们将家庭血缘关系中的亲情推广到社会关系中去。孔子一生致力于实现"仁",途径就是孝悌,所谓"宗族称孝焉,乡党称悌焉",天下就归仁了。

【原文呈现】有子①曰:"其为人也孝弟②,而好犯上者,鲜③矣。不好犯上,而好作乱者,未之有也。君子务本④,本立而道生。孝弟也者,其为仁之本与⑤?"

【难点注释】①有子:孔子弟子,姓有,名若。②孝弟:弟,同"悌"。善事父母曰孝,善事兄长曰悌。③鲜(xiǎn):少。④务本:专力于根本。⑤与:同"欤",表疑问的助词。

【大意试译】有子说:"若其人是一个孝敬父母、敬爱兄长的人,而会存心喜好犯上的,那必很少了。若其人不喜好犯上,而好作乱的,就更不会有了。君子用力在事情的根本处,根本建立起,道就由此而生了。孝悌该是仁道的根本吧?"

【思维评析】百善孝为先。作为华夏民族传统的道德观念，孝悌在维护家庭和睦、国家稳定与社会和谐中发挥着重要的作用。在儒家思想中，孝悌不仅是家庭伦理规范，而且是一切社会道德规范的根基和出发点，因为在他们看来，一个人在家孝敬父母、尊敬兄长，就不会犯上作乱。孔子非常重视孝，并总是将"孝"与"悌"并提，其实质是要求人们将家庭血缘关系中的亲情推广到社会关系中去，所谓"宗族称孝焉，乡党称悌焉"。倡导孝悌，可以使人们慎终怀远、敬畏生命，对于弘扬人生的价值起到积极的作用。

【故事解读】曾子和父亲一起除草，不注意把禾苗锄掉了。父亲很生气，拿着锄头打他，曾子毫不回避，被打昏在地。醒来后，又怕父亲因为自己下手过重，伤心过度，为了让父亲安心，就"抚琴而歌"，意思是您看我什么事都没有，您不用担心。曾子的行为被孔子听到了，孔子很生气，决定不认这个学生。曾子不解，跑去询问老师，"我这样做已经尽到孝道了，为什么老师还不要我呢？"孔子说："如果你的父亲盛怒之下，下手太重把你打死了，会陷父于不义之中。"并告诉曾子，以后遇到这种事，应该"大杖则走，小杖则受"。

这个故事告诉我们，孝悌虽然是仁的基础，但是并不意味着一切都应该顺从父母，不犯上不等于逆来顺受，根据实情，合理处理上下长幼关系，更有利于家庭和社会的和谐。

【原文呈现】子游①问孝，子曰："今之孝者，是谓能养。至于犬马，皆能有养。不敬，何以别乎？"

【难点注释】①子游：言偃，字子游，孔子晚年弟子。

【大意试译】子游问："怎样是孝道？"先生说："现在的人只把能养父母便算孝了。就是犬马，一样能有人养着。没有对父母的一片敬心，又在何处作分别呀！"

【思维评析】孝道文化的核心是敬老，而不仅仅是养老。《礼记》将"孝"分为三个层次，即"大孝尊亲，其次弗辱，其下能养"。"尊"即"敬"也，"敬"才是"孝"的根本。孟子认为"孝"在于养亲、尊亲、慕亲、礼亲、悦亲。这部分内容以犬马作对比，指出只有养没有敬，那与养犬马有何区别？人的价值和尊严就无从体现了，通过对比突出"敬"之重要。传统孝文化是一种尊老敬老的文化，是倡导维护人的情感和尊严的文化。

【故事解读】北宋名臣蔡襄，是著名的文学家、书法家、茶学家，更是个大孝子。蔡襄本在京城做官，却请求回乡任职，在泉州知府任上，历时七年建成洛阳桥，被称为海内第一桥。原来襄母当年经过洛阳江遇险，而神明庇佑，绝处逢生，于是许下建桥夙愿。蔡襄发奋苦读，立志报答父母，做一个为民办事的好官，建成洛阳桥圆了母亲的心愿，也造福了一方百姓。母亲92岁生日时，他双手捧杯，跪在母亲前祝寿："我今鬓发白垂丝，挥拂莱衣辄起舞。愿亲长年无穷已，愿儿强健典州府。不富不贫正得宜，如我奉亲难比数。"此时蔡襄已是鬓发如银，为博老母欢心，想"挥拂莱衣辄起舞"，其拳拳赤子之心，令人钦佩。蔡襄曾在《福州五戒文》中说："人子之孝，本于养亲，以顺其志，死生不违以礼，是孝诚之至也。"蔡襄言行一致，始终把孝敬贯穿于自己的一生之中，事亲至孝，耐心侍候，从无怠慢。

【原文呈现】子夏问孝，子曰："色难①。有事，弟子②服其劳。有酒食，先生③馔④。曾⑤是以为孝乎？"

【难点注释】①色难：有两种解释。一说"色"指父母之色，"色难"指难在承望父母之面色，能在无形无声中体会到父母之意，始是孝。一说"色"指孝子之色，"色难"指孝子侍奉父母，以能和颜悦色为难。②弟子：晚辈，指儿女。③先生：长辈，指父母。④馔（zhuàn）：饮食。⑤曾（zēng）：难道。

【大意试译】子夏问："什么是孝道？"先生说："难在子女的容色上。若遇有事，由年幼的操劳，有了酒食，先让年老的吃，这就是孝了吗？"

【思维评析】子游问孝，孔子指出"敬"最重要；子夏问孝，孔子认为"色"最可贵。内心修敬深爱，外表才会和颜悦色。"敬"与"色"互为表里，同为孝之本。能够在饮食服务上供养父母不难，但能和颜悦色侍奉父母是很难的。难在态度，难在内心，难在持之以恒。内心有真爱，态度才会和蔼，《小戴记·祭义》说："孝子之有深爱者，必有和气。有和气者，必有愉色。有愉色者，必有婉容。"这个"婉容"就是委婉和悦的面容，和善对待父母是衡量一个人孝心的道德标尺，也是人最深厚的教养。

【故事解读】老莱子是春秋时期楚国隐士，为避世乱，自耕于蒙山南麓。他孝顺父母，尽拣美味供奉双亲，七十岁尚不言老，常穿着五色彩衣，手持拨浪鼓如小孩子般戏耍，以博父母开怀。一次为双亲送水，假装摔倒，躺在地上学小孩子哭，二老大笑。后人写诗称赞："戏舞学娇痴，东风动彩衣。双亲开口笑，喜色满庭闹。"孝顺，不单是吃好穿好的问题，最重要的是使老人心顺，让老人欢悦。荀子讲"得众动天，美意延年"，孔子说"乐以忘忧，不知老之将至"，说明乐观通达才能寿终天年。赡养老人，既要重视物质赡养，更要重视精神赡养。曾几何时，一首《常回家看看》唱响大江南北，引起强烈反响，反映了现代社会精神赡养的缺失。抽出时间常回家看看，多和老人说说话、聊聊天，生活上关心，精神上关爱，才能使他们欢欢喜喜安度晚年。

【原文呈现】孟懿子①问孝，子曰："无违。"樊迟御②，子告之曰："孟孙问孝于我，我对曰：'无违。'"樊迟曰："何谓也？"子曰："生，事之以礼。死，葬之以礼，祭之以礼。"

【难点注释】 ①孟懿子：鲁大夫，三家之一，姓仲孙，名何忌。谥号为"懿"。其父僖子让何忌学礼于孔子，是孔子早年学生。②樊迟御：樊迟名须，字子迟，孔子弟子，为孔子驾车。

【大意试译】 孟懿子问："什么是孝道？"先生说："不要违逆。"一天，樊迟为先生驾车，先生告诉他说："孟孙问我孝道，我答他不要违逆。"樊迟说："这是什么意思啊？"先生说："父母生时，当以礼事奉。死了，以礼安葬，以礼祭祀。"

【思维评析】 这里孔子又提出了"孝"的一个准则——"无违"。按照孔子对樊迟的解释看，"无违"的涵义是不违背礼制，父母有生之年以礼侍奉，去世后以礼埋葬和祭祀。但孟懿子是鲁国贵族，作为三桓之一，其在鲁国的势力可谓炙手可热，其行为早已僭越礼制。春秋末期，礼崩乐坏，三桓僭礼是一个典型。一生都在追求"克己复礼"政治梦想的孔子，针对孟懿子提出"无违"，似乎并非单指如何行孝那么简单，其真实意图是希望孟懿子通过遵守生事葬祭的礼仪规定，进一步理解礼对整个社会的重要性，不可以随便僭越。在孔子看来，"无违"不仅是自身尽孝的根本，也是治理国家与社会的根本。

【故事解读】 阮籍在为母亲服丧期间，在晋文王的宴席上喝酒吃肉。司隶校尉何曾也在座，对晋文王说："您正在用孝道治理天下，可是阮籍身居重丧却公然在您的宴席上喝酒吃肉，应该把他流放到荒漠地方，以端正风俗教化。"文王说："嗣宗哀伤劳累到这个样子，您不能和我一道为他担忧，还说什么呢！"阮籍吃喝不停，神色自若。阮籍葬母时，蒸熟一只小肥猪，喝了两斗酒，然后去向母亲遗体诀别，只是叫"完了"，总共才号哭了一声，就吐血，昏厥过去，很久才醒来。阮籍在为母亲服丧期间仍旧像平常一样饮酒食肉，以儒家标准来看是不合礼仪的，所以何曾认为应该惩罚他。但从他吐血、身体损毁昏厥良久看，他并不是不孝顺，纵酒食肉是他任性放诞、不遵礼仪的外在表现，悲哀过度以致毁形灭性，表明其内里有一颗至孝之心。

【原文呈现】 孟武伯①问孝，子曰："父母唯其疾之忧。"

【难点注释】 ①孟武伯：姓仲孙，名彘（zhì），孟懿子的儿子。"武"是谥号。

【大意试译】 孟武伯问："什么是孝道？"先生说："让你的父母只忧虑你的疾病。"

【思维评析】 "其"，一说指父母，那么"父母，唯其疾之忧"应理解为子女只担心父母的疾病。这种解释对应《孝经》中"病则致其忧"的主张，也符合孟武伯的实情。《左传》记载，孟武伯曾因在成邑养马等问题上，与其父孟懿子发生过争执，孟懿子因此生气卧病在床，孔子是劝孟武伯关心父母的疾病。一说"其"指子女，有两种解释：一是父母唯恐儿女有疾病，二是使父母只担心自己生疾病。第一种解释运用了换位思考法，意思是说你要问什么是孝，想一想你生病时父母为你担忧的那种心情，这样你就会知道怎样尽孝道了。第二种解释强调自立自强，不要让父母再为你操心，这就是孝。

【故事解读】 清朝乾隆年间，安徽桐城人方观承的祖父、父亲因朋友陷入"文字狱"而被牵连，流放到黑龙江充军服役，其家产也被没收充公。年幼的方观承兄弟只得到寺庙中栖身。在寺庙中，方观承兄弟含泪度日，备尝艰辛，但方观承最想念的还是祖父与父亲。他向长老提出请求，允许他俩前往边疆探望长辈。长老念及二人年幼，尽管颇有孝心，恐怕不能成行，便极力劝阻。方观承则说："祖父、父亲遥在天涯，对家中亲人望眼欲穿，我们若能前往，定会增添些许慰藉。为给二老一点安慰，我们即使受点折磨，遭受点艰难，也在所不辞。请长老恩准，让我们启程。"方家兄弟的义举，感动了长老，长老赞助路费，含泪目送。一路上，他们风餐露宿，跋山涉水，忍饥挨饿，搀扶相行，衣破成条，脚生老茧。几个月后，他们终于见到了二老。

四人抱头痛哭之后，祖父、父亲心中为自己有这样的孝顺后代顿生快慰，一家四口人陶醉在融融的天伦之乐之中。

【原文呈现】 子曰："父母在，不远游①。游必有方②。"

【难点注释】 ①游：游宦或游学，即外出做官或求学。②方：方位。

【大意试译】 先生说："父母在时，不远行。若不得已有远行，也该有一定的方位。"

【思维评析】 这句话包含两层意思：一是父母在时不远游，远游则不符合孝的原则；二是如果远游，必须有一定的去处，并告诉父母，以免父母挂念。远古社会交通极度落后，远游和尽孝的矛盾很突出。现代社会交通发达，虽远不远，而且社会的发展，让人们不得不远游。今天重温圣人的话，主要是提醒远游人，要孝顺父母，不使父母过分思念和过分忧虑。要常回家看看，要有目标的远游，让父母放心我们去远游，在有足够的实力和能力的时候，可以变为"父母在，共远游"。

【故事解读】 曹某，出身和成长于大连市旅顺口区长城街道曹家地村一个普通家庭，从小品学兼优，早年毕业于辽宁某大学。在她大三的时候有机会去德国留学，但是这并不容易，首期的费用就要7万元。对那个年代一个普通的家庭来说，这笔钱不是一个小数目，但是曹某的父母还是东拼西凑给她了。曹某取得了德国的博士学位，成了慕尼黑大学人文学院终身教授。但她出国后改换名字，努力地割裂自己与原生家庭的任何联系，即便是回国都不愿意来看望父母，竟然长达17年不与父母联系。"父母在，不远游"所提倡的"孝道"是中华民族的传统美德，它时刻提醒在外地的人们，要关心父母、孝顺父母，要经常与父母通信息，时常问候、宽慰父母，只要条件允许就要经常回家探望父母，让父母内心得到真正的愉快与满足。在外远游不能成为不照顾、不体谅、不关心父母的理由。像曹某这样竟与父母断绝往来，给父母带来的不仅是牵挂与想念，还可能是深深的忧伤。

【思考与探究】

《礼记》曾描述过中国古代的和谐社会："父慈、子孝、兄良、弟悌、夫义、妇听、长惠、幼顺、君仁、臣忠。"有人说，中国封建社会的一切道德规范，追本溯源，都在一个"孝"字，你怎么看？

【练习与活动】

围绕"弘扬孝道文化，继承传统美德"主题，读一本孝道文化书籍，讲一个孝道经典故事，做一件敬老爱老好事，出一期孝道文化专刊。

第八课　师与生

韩愈说："师者，传道受业解惑也。"孔门弟子对老师特别尊敬，仰慕老师博大精深的学问，敬佩老师乐以忘忧的学习精神。孔子对学生很严厉，但在教导上十分用心。"不愤不启，不悱不发"，这样先进的教学思想，跨越千年依然闪耀着智慧的光芒。

【原文呈现】颜渊喟然①叹曰："仰之弥高，钻之弥坚②，瞻之在前，忽焉在后③。夫子循循然善诱人④，博我以文，约我以礼⑤。欲罢不能，既竭吾才，如有所立卓尔，虽欲从之，末⑥由也已。"

【难点注释】①喟然：叹息声。②仰之弥高，钻之弥坚：仰弥高，不可及。钻弥坚，不可入。之，指孔子之道，亦指孔子其人。③瞻之在前，忽焉在后：在前在后，喻恍惚不可捉摸。④循循然善诱人：循循，有次序状，诱，引进。孔子之教，依学者之所以至而循序诱进之。⑤博我以文，约我以礼：博文约礼，此孔门教法最大纲领。⑥末：无。

【大意试译】颜渊感叹地说："我仰望它，愈望愈高；我钻研它，愈钻愈坚。一忽儿看它在前面，一忽儿又像在后面。先生循着次第，一步步地诱导我，他是如何的善教呀！他以文章开导我，以礼行约束我，使我欲罢不能。但我才智已尽，像见他在前面矗立着，高峻卓绝，我想再向前追从，但感到无路可走了。"

【思维评析】这部分内容是颜回自述从学于孔子的亲身感受，既表现了老师的善教，也表现了学生的好学。一个优秀的老师既要知识渊博，也要教法精湛，让学生心生崇敬。孔子"先博后约、循循善诱"的教育方式，使颜回的学业突飞猛进，其学业越进，越觉圣人知识广博，道德幽深，越向前追赶，越感到艰难，好像圣人的学问离自己越遥远。颜回勤奋好学，在老师带领下学问道德已经到了很高的层次，想要更上一层楼，难上加难。在这种欲罢不能、欲进无路的状态中，更需有坚强的毅力，坚定的信念，若能走过这个阶段，那将柳暗花明，豁然开朗，立达圣域。

【故事解读】1917年，26岁的陶行知谢绝了导师孟禄的挽留决定回国。陶行知又是著名哲学家杜威的博士，在当时情况下完全可以过荣华富贵的生活。但他毅然辞去东南大学教授、教务主任的职务，脱下西装革履，穿上布衣草鞋，到偏远的乡村去，和马牛羊鸡犬豕做朋友，对稻粱粟麦黍稷下功夫，去办幼稚园、办小学、办难童学校、办职业学校。他善于创造性地开展教育工作，提出"教学做合一"的生活教育理论。创办晓庄乡村师范学校，是陶行知实践生活教育思想的开拓性举措。他将老山改为劳山，将小庄改为晓庄，取劳力上劳心，日出而作之意，晓庄是破晓的晨曦，是中国乡村的新生命。他学识渊博，才华横溢，一生著作颇丰，大道存乎于心，仰之弥高，钻之弥坚。宋庆龄说，过去读书人尊奉孔子为"万世师表"，在现代中国，陶行知先生才堪称"万世师表"。"捧着一颗心来，不带半根草去"的赤子之忱，令后学景仰。

【原文呈现】叶公①问孔子于子路，子路不对。子曰："女②

奚不曰：'其为人也，发愤忘食，乐以忘忧，不知老之将至云尔。'"

【难点注释】 ①叶公：楚大夫沈诸梁，字子高。为叶县尹，僭称公。②女：同"汝"，你。

【大意试译】 叶公问子路："你们先生孔子，究竟是怎样一个人呀？"子路一时答不上来，回来告诉先生。先生说："你何不答道，'这人呀！他心下发愤，连吃饭也忘了。心感快乐，把一切忧虑全忘了，连自己快老了也不知。你何不这般说呀！'"

【思维评析】 孔子自述好学，由"发愤忘食，乐以忘忧"可见一斑。学有未得，愤而忘食，学有所得，乐以忘忧。学无止境，则孔子之愤与乐亦无止境。如此勤勉，只觉时日不够，而不知年岁已往，老之将至，这种痴迷已达化境。这种心境，符合孔子所说的"仁"，一种不厌不倦不息不已的生命精神。孔子的好学与其仁义道德和为人风范合而化一，故而成圣。圣人之学，人人所能学，而终非人人所能及，究其原因，在于好学一端。

【故事解读】 丘成桐，哈佛大学终身教授，国际知名数学家。丘成桐证明了卡拉比猜想，以他的名字命名的卡拉比－丘流形，是物理学中弦理论的基本概念。他对微分几何和数学物理的发展做出了重要贡献。数学是一门对天赋要求极高的学科，它的高度抽象性让不具备这种天赋的人望而生畏。在某种意义上可以说，是数学选择了它的追随者，而非相反。加之数学是一门完全依赖人自身最纯粹的大脑机能进行探索的学科，这使得一流的数学研究介乎学问和艺术创造之间，总是在"灵感乍现"的时刻产生突破。即使是立志在数学领域建功立业的年轻学生，能坚持到最后并出成果的，也是寥若晨星，丘成桐正可谓这样一颗"晨星"。常常有这样的情景——偌大的教室中，听课的学生越来越少，最后竟然只剩下教授一人面对讲台下唯一的学生悉心教诲，这唯一的学生，就是丘成桐。美国《纽约时报》将其称为"数学王国的

恺撒大帝",这是对他在数学领域发愤忘食、乐以忘忧的好学精神的最高礼赞。

【原文呈现】宰予昼寝。子曰:"朽木不可雕也,粪土之墙不可杇①也。于予与何诛②!"子曰:"始吾于人也,听其言而信其行。今吾于人也,听其言而观其行。于予与改是③。"

【难点注释】①粪土之墙不可杇也:粪土,犹秽土也。杇同"圬",饰墙之泥刀。秽土之墙不可复饰。②于予与何诛:诛,责也。谓对宰予不必再责,犹言宰予不可再教诲。③于予与改是:是,指上文听其言而信其行,孔子说因宰予而改变此态度。

【大意试译】宰予白天睡觉。先生说:"腐烂的木头不能再雕刻,肮脏的土墙不能再粉刷,我对宰予,还能有何责备呀!"先生又说:"以前我对人,听了他说话,就相信他的行为了。现在我对人,听了他说话,还要观察他的行为。这一态度,我是因对宰予而改变的。"

【思维评析】宰予昼寝,孔子大动肝火,骂他是"朽木""粪土",有"责小过以大恶"之嫌,似乎有违自己"仁者爱人"和"有教无类"的主张。但仔细推敲"始吾于人也,听其言而信其行;今吾于人也,听其言而观其行",宰予可能曾经向孔子做出过某种承诺或保证,但他没有信守诺言,正是这种言行不一、阳奉阴违的做法,激怒了孔子。在孔子看来,"信"是为人处世的基本准则,孔子说:"人而无信,不知其可也。""信"要靠"行"来体现,要表现在其言行的一致,说了要做到,做出的承诺要兑现,"君子耻其言而过其行"。宰予后来成为孔门最优秀的"十大弟子"之一,由朽木变为璞玉,不无夫子严厉督责之功。

【故事解读】在孔子的学生中,德行好的有颜渊、闵子骞、冉伯牛、仲弓,善于辞令的有宰予、子贡,擅长政事的有冉有、季路,通晓文献知识的有子游、子夏。弟子三千,贤人七十二,

在此列出只有十人，堪为孔门"十大弟子"，宰予就在其列。楚昭王原想重赏并重用孔子，令尹子西竭力反对，他怕孔子反客为主，劝谏时反问楚昭王，一是您出使诸侯的使者有像子贡这样的吗？二是您宰辅国相有像颜回这样的吗？三是您的将帅有像子路这样的吗？四是您的各部长官有像宰予这样的吗？在子西眼中，宰予又大大进了一步，成为孔门"四大弟子"之一。由此观之，宰予不是朽木。孔子的可贵，在于他没有真的把宰予当作不可雕之朽木，宰予也终于被雕琢成器，并对孔子也予以高度评价："以予观于夫子，贤于尧、舜远矣。"

【原文呈现】子曰："不愤不启①，不悱不发②。举一隅不以三隅反③，则不复④也。"

【难点注释】①不愤不启：愤，心里想求通而未得。启，开导。②不悱不发：悱，口欲言而未能。发，启发。③不以三隅反：物方者四隅，举一隅示之，当思类推其三。反，自反自证。④不复：不复教他。

【大意试译】先生说："不到学生努力想弄明白，但仍然想不透的程度时，先不要去开导他；不到学生心里明白，却又不能完善表达出来的程度时，也不要去启发他。举示以一隅，如果他不把其余三隅自反自证，我不会再教他。"

【思维评析】这一条既讲了教育之道，也讲了学习之道。教育之道是老师要把握教育时机，学生没有经过冥思苦想，没有进入想弄明白而又想不明白的矛盾焦灼状态，不要去启发他；没有达到想要说清楚却又说不清楚的时候，不要去引导他。可见孔子特别注重对学生思维能力与表达能力的训练，方法是引导式的。学生要善于举一反三，思维活跃，注重联系和迁移，智慧地学习而非死搬硬套。这两点正好印证了孔子讲的"诲人不倦""敏而好学"。

【故事解读】相传清代名将年羹尧，是汉军镶黄旗子弟，幼时非常顽劣，他父亲前后为他请了好几个老师，都被他打跑了，后来没人敢去应聘教他。最后有一个老师是隐士，自愿任教。年羹尧的父亲说明自己儿子的顽劣，老先生说没关系，唯一的条件是要一个较大的花园，不要设门，而且围墙要加高，就这样开始教了。年羹尧最初想将这位老师打跑，不料老先生武功很高，打他不着，却也不教他。到了晚上，老先生运用他高强的轻功，一跃出了围墙，在外逍遥半天，又飘然跳了回来，年羹尧拿这位老师一点办法也没有。老先生有时候吹笛子，吹笛可以养气，年羹尧听了要求学吹，于是老先生利用吹笛来使他养气，这才开始慢慢教他。年羹尧后来考中进士，官至四川总督、川陕总督、抚远大将军，成长为清朝名将。这位隐士就是运用了孔子的教学思想，先刺激他的思想，使他发愤，产生强烈的求知欲，再加以教导，激发出其潜在的智慧。

【思考与探究】

根据本课内容，选择三个关键词作为自己学习的座右铭，你会选择哪三个词？并说明理由。

【练习与活动】

"不愤不启，不悱不发"，说明我们学习上有个"愤悱"的关键阶段，请选择一个学科，做一个自我调查，统计你一周中出现过这种情况的次数，列出你的应对策略，然后与该科老师做一次交流。

第九课　友与亲

　　孔子十分重视交友，也乐于交友，他把多交贤友视为君子"三乐"之一，认为朋友之间可以相互切磋、相互劝勉。孔子择友的原则是高尚的"道义之交"，绝非世俗的"酒肉朋友""江湖义气"之友。"义"是儒家高尚人格的规范之一。

　　【原文呈现】孔子曰："益者三友，损者三友。友直①，友谅②，友多闻，益矣。友便辟③，友善柔④，友便佞⑤，损矣。"

　　【难点注释】①直：正直。②谅：诚实，信义。③便辟（piánpì）：习于威仪，致饰于外，内无真诚，与"友谅"相反。④善柔：工于媚悦，与"友直"相反。工于媚悦者必不能守直道。⑤便佞（piánnìng）：巧言口辩，非有学问，与"多闻"相反。

　　【大意试译】先生说："有益的朋友有三种，有害的朋友也有三种。与正直的人为友，和守信的人为友，和多闻有广博知识的人为友，是有益的。和惯于装饰外貌的人为友，和工于媚悦面善态柔之人为友，和能巧言口辩之人为友，便有损了。"

　　【思维评析】在甲骨文中，"友"为二手相依，推其本义应是互相帮助，这里所有说的"友"即为此意。"直、谅、多闻"为益友的标准。"直"多有正直之意，也有真实、直率、坦诚之意。"谅"即是"信""守信"，说出的话真实无妄，能够做到人己不欺，言行一致，"信"是交友的原则。"多闻"即见闻广博，仅"多闻"其实并不够，还需博学、审问、慎思、明辨，不拘泥于已得、已知。花言巧语、伪善的容貌、十足的恭顺，孔子认为是可耻的。他认为"便辟、善柔、便佞"的朋友同"巧言令色足恭"的人，都是"鲜仁"之人，这不是孔子认可的交往对象。我们身处的人群对自己道德的修养会产生潜移默化的影响，因而交友不可不慎。

【故事解读】 历史上以信交友的事例俯拾皆是，如《后汉书·独行列传》记载了范式守信的故事。范式与汝南人张劭是好朋友，两人曾一同在太学读书。后来范式须离开太学回到自己的家乡，临走时范式对张劭说："两年以后应当返回，我将拜访你的父母大人，看看你的孩子。"于是一起约定了见面的日期。后来约定的日期就要到了，张劭把这件事全部向母亲说了，请母亲准备酒食来等候范式。母亲说："两年前分别，约定在千里之外见面，你何必这么认真地相信呢？"张劭说："范式是一个讲信用的人，一定不会违背约定。"母亲说："如果这样，我应当为你酿酒。"到了约好的那天，范式果然到来，二人一起登上大厅拜见饮酒，尽情欢饮，然后分别。这件事发生在东汉初年，可见东汉之士极重承诺。范式以"山阳死友"闻名于当世，奉行"厚施而薄望"，受到士人们的称赞。

【原文呈现】 子贡问友。子曰："忠告而善道①之，不可则止，毋自辱焉。"

【难点注释】 ①道：同"导"，开导，引导。

【大意试译】 子贡问交友之道。先生说："朋友有不是处，该尽忠直告，又须善为劝说，若不听从，则该暂时停止不言，莫要为此自受耻辱。"

【思维评析】具备了"直""谅""多闻"等品质的朋友在实际交往中应做些什么呢？这里做出了回答——"忠告而善道"，"规过劝善"是友道的基本精神，是朋友的真正价值所在，这样才算真朋友。但是朋友与亲兄弟不同，见朋友有过错，规劝太多只会彼此疏远，因此，朋友之间规过劝善必须适度，"不可则止"，这是与朋友交往的一种智慧。

【故事解读】身为吴国人的子游，在孔子周游列国期间拜孔子为师。子夏是卫国人，与子游年纪相仿，他们的才能难分伯仲。一天，子游批评子夏说："子夏的学生们，做洒水扫地、接待客人、趋进走退一类的事，是可以的，不过这些只是细枝末节的事。根本的学问却没有学到，这怎么行呢？"子夏反驳说："咳！子游说错了！君子的学问，哪些先传授、哪些后传授，就好比草木一样，是区分为各种类别的。君子的学问，怎么能歪曲呢？有始有终地循序渐进，大概只有圣人吧！"可见，子游与子夏在教育弟子方面是有分歧的。子夏这个人比较保守，性格较内向，所以他主张从小事做起、循序渐进；而子游是个不拘小节的人，自然对只做些礼节小事的行为持批评的态度。两人观点不一致，即使有争辩，也不影响同门的友谊，他们正是"忠告而善道"的典型。

【原文呈现】叶公语孔子曰："吾党有直躬者①，其父攘②羊，而子证之。"孔子曰："吾党之直者异于是。父为子隐，子为父隐，直在其中矣。"

【难点注释】①直躬：或说其人名直躬，或说其姓名不传，因其行直，故称直躬。②攘（rǎng）：偷窃。

【大意试译】叶公告诉孔子说："我们这里有一个行为正直的

人，他父亲盗窃别人的羊，他出来证明了。"孔子说："我们的直道和你说的不同。父亲为儿子隐瞒，儿子为父亲隐瞒，直道就在其中了。"

【思维评析】 围绕"父子相隐"，学术界展开了一场旷日持久的学术争鸣。一方认为，父子相隐合乎天理人情；另一方则认为，父子相隐违法悖德。双方的评价互相对立，但对父子相隐的理解却是相同的，即都认为父子相隐是互隐其恶，都认为孔子把亲亲隐恶视为"直"德。这种把"隐"理解为隐恶、包庇、纵容，一定符合孔子的本意吗？如果"为父隐"不是"为罪隐"的话，那还有一种可能是什么？会不会是代父担责，赔偿损失，失主得其所应得，同时维护和增强了父子亲情，实现了外部正义与内部正义，这种子为父隐还实现了第三种正义，父亲更加亲近儿子，并倾听良知的呼唤，改过从善。如此，子为父隐，直在其中。这可能才是孔子的"直在其中"的真意。

【故事解读】《史记》记载，石奢是楚昭王的国相，为人刚强正直廉洁公正，既不阿谀逢迎，也不胆小避事。一次出行属县，恰逢途中有凶手杀人，他追捕凶犯，竟是自己的父亲。他放走父亲，归来便把自己囚禁起来。他派人告诉昭王说："杀人凶犯，是为臣的父亲。若以惩治父亲来树立政绩，这是不孝；若废弃法度纵容犯罪，又是不忠；因此我该当死罪。"昭王说："你追捕凶犯而没抓获，不该论罪伏法，你还是去治理国事吧。"石奢说："不偏袒自己父亲，不是孝子；不遵守王法，不是忠臣。您赦免我的罪责，是主上的恩惠；服刑而死，则是为臣的职责。"于是石奢不听从楚王的命令，刎颈而死。当石奢释放父亲时，他知道自己犯下了死罪。而他之所以径直而为，是因为他视孝重于生命。当楚昭王法外开恩将其赦免时，他知道这是生的合法机会。他之所以毅然赴死，是因为他把忠看得高于生命。石奢所面对的不是生与死的选择，而是生命与忠孝的抉择。石奢释放父亲只是

救了他的生命，而石奢的死则可能拯救他自己的灵魂，就像陀思妥耶夫斯基所说的："人们总是在拯救他们的人死后才得救的。"他向我们昭示了"子为父隐"的真谛。

【思考与探究】

《孔子家语》记载："与善人居，如入芝兰之室，久而不闻其香，即与之化矣。与恶人居，如入鲍鱼之肆，久而不闻其臭，亦与之化矣。"这与本课哪些观点是一致的？

【练习与活动】

制作一个交友能力自我测试与鉴定表，设计十个以上的主要问题，如：当你碰到意外事故，是否能轻而易举地找到一个朋友帮你解决？你有两个以上交了多年的老朋友吗？设计一个得分层级，根据分值鉴定交友能力。

第三单元　自我与社会

社会是个大家庭，在这个大家庭里面，每个人都扮演着各自不同的角色，承担着与自己那个角色相应的责任。与其他古国的往圣先贤相比，包括孔子在内的中国古代圣贤更为重视社会管理和民生安康。如何管理一个国家、一个社会，进而实现天下有道、人民幸福，总是他们考虑得最多的核心问题。当然，孔子及其弟子们关心的还有教育、军事等问题，我们从中又能学到些什么呢？

第十课　治国理政

　　孔子生活的时代，周王朝的统治已经名存实亡，诸侯间相互征战不断，社会现实是"王道衰，礼义废，政教失，国异政，家殊俗"。社会矛盾的激化阻碍了生产力的进一步发展，人的精神和信念也受到了前所未有的影响。这些共同构成了孔子政治思想产生的历史渊源和社会条件，"仁"与"礼"是其政治思想的基本精神。在治国方略上，他主张"为政以德"，认为道德和礼教是最高尚的治国之道。

　　"历史是最好的老师"，《论语》中的治国理政思想，在当代仍然具有很大的价值，对我们更好地总结改革开放实践中的经验，不断增强执政能力、提高治国理政水平、提升文化自信等都极有裨益。

　　【原文呈现】子曰："道①千乘之国②，敬事③而信，节用而爱人④，使民以时。"

　　【难点注释】①道：同"导"，治理。②千乘（shèng）之国：就是拥有一千辆兵车的诸侯国。四匹马拉的兵车称一乘，车辆数量的多少能体现国力的强弱。③敬事：认真对待国家大事。

④人：广义指所有人群，狭义指士大夫以上阶层的人。这里是狭义的用法，与下面的"民"呼应。

【大意试译】先生说："治理有一千辆兵车的国家，要认真地处理国家事务，严守信用，节约费用，爱护官吏，役使人民要按照农时的忙闲。"

【思维评析】这一部分内容体现了孔子的政治主张。他提出了五条治理国家的基本原则：敬事，取信于民，节用，爱人，使民以时。"治国有常，而利民为本"，直到今天，孔子这种具有民本思想的政治主张还闪耀着光芒。这部分内容既是治国的基本原则，也是治国的起点。

【故事解读】公元589年，隋文帝杨坚实现了南北方的重新统一。他总结了前人的经验，认识到勤俭是治国最重要的途径。他虽贵为天子，但却食不重肉，不用金玉饰品，宫中的妃妾不作美饰，很是节俭。他教育太子要节俭，说国家没有因为奢侈腐化而能长治久安的。他还提倡官员节俭。杨坚曾下诏："朕受命于天，财成万物，去华夷之乱，求风化之宜。戒奢崇俭，率先百辟，轻徭薄赋，冀以宽宏。"在澄清吏治方面，他励精图治，不容许贪污枉法的行为存在。杨坚倡导节俭爱民，节省政府内不少开支，废除了不必要的杂税，同时设置谷仓储存粮食。为了提倡节俭，形成风气，他还从法律上规定，对挥霍无度者，严惩不容。隋文帝在位期间，政治安定，社会富庶，人民安居乐业，被史学家称为"开皇之治"。

【原文呈现】子曰："为政以德，譬如北辰①，居其所而众星拱②之。"

【难点注释】①北辰：北极星。②拱：环绕，环抱。

【大意试译】先生说："用道德来治理国家，自己就会像北极星一样，处于一定的位置，群星环绕着它。"

【思维评析】孔子明确提出了"德政"思想，从儒家德治思想出发，强调道德在政治生活中的决定性作用，主张以道德治国，强调统治者的修养是治国和实现德治的前提。孔子的德治思想奠定了中国传统政治思想和文化基调。在当今中国，"德"固然重要，但更需要用法律来规范公民的言行，尤其是要用各种规章制度加强对当政者的约束，"把权力关在笼子里"。

【故事解读】《三大纪律八项注意》被誉为"红色经典第一歌"和"中国第一军歌"，多年来久唱不衰，在许多重大场合都可以听到这首歌。"三大纪律八项注意"的形成和发展经历了较长的过程。当年红军进行三湾改编时，针对许多红军战士来自旧军阀的军队，带有很多坏习气这一现状，毛泽东特别明确了"三大纪律"：行动听指挥，不拿工人农民一点东西，打土豪要归公。1928年夏天，毛主席又补充了"六项注意"。后来，"六项注意"又增加了两项，"三大纪律八项注意"就这样产生了。

《三大法律八项注意》看似强调外在的规范对人的约束，其实这些"注意"只有通过内在的"德行"养成，才能根深蒂固，才有长期效应。

【原文呈现】子曰："道之以政，齐^①之以刑，民免^②而无耻^③。道之以德，齐之以礼，有耻且格^④。"

【难点注释】①齐：整治，统一，约束。②免：免罪，免于刑法，免祸。③无耻：做了坏事心里不知羞耻。④格：纠正。

【大意试译】先生说："用行政法令来治理，用刑法来处罚，人民虽然能避免犯罪，但并非认识到犯罪可耻；用道德教化来治理，用礼来约束，人民就会有羞耻心，并且会自觉改正错误。"

【思维评析】在孔子看来，"礼"是社会公共道德行为规范，它不同于"刑"。"礼"从积极的角度出发，告诉人们如何做；而"刑"则从消极的角度出发，禁止人们做什么。"齐之以刑"，百姓可能因为畏惧而免于犯法，知道不能做什么，但不知应该怎样做；"齐之以礼"，人人知礼，不仅可以使人"有耻"，而且可以使人知道怎样做人，即懂得做人的准则和标准。"刑"的功能就是让人失去尊严，失去羞耻心。当然，这里孔子虽强调国家治理中"德"以及"礼"较之于"政"和"刑"的优先性，但他却并不完全否定"政"与"刑"的作用。我们以"德主刑辅""礼法并用"来概括孔子儒家的这种治国主张，似乎更合适。

【故事解读】杨守陈是明成化年间的官员，由经筵讲官提升为洗马（洗马，旧时一种官名，也称太子洗马。洗，通"先"，有"马前驰驱"之意，职责是教太子政事）。有一年回乡省亲，行至一个驿站，驿丞以为"洗马"就是扫马厩的，没放在眼里，跟他平起平坐，还带着几分轻蔑的口吻问："公职洗马，日洗几马？"杨守陈笑笑，平静地回答说："勤就多洗，懒就少洗，并无定数。"过了一会儿，有人向驿丞报告，有位御史将来站歇息。驿丞一听，觉得这是个大官，于是催促杨守陈赶快腾房间。杨守陈说："这固然应该，但还是等他到了再腾不迟。"不一会儿，御史驾到，进门一见杨守陈，纳头便拜。杨守陈一看，原来是自己的门生。这下驿丞慌了，感到自己怠慢了杨洗马，连忙下跪，口称有罪，乞求宽恕。而杨守陈并未计较，更没有对驿丞作任何责罚。

杨守陈身为未来的帝师，对一个小小驿丞的不敬和无礼表现得如此宽宏大量，还是颇为难得的。

【原文呈现】哀公①问曰："何为②则民服？"孔子对曰："举③直④错⑤诸⑥枉，则民服。举枉错诸直，则民不服。"

【难点注释】①哀公：鲁国国公。"哀"是谥号。②何为：怎么做。③举：选拔，提拔，推举。④直：正直的人。⑤错：放置。⑥诸："之于"的合音。

【大意试译】鲁哀公问："怎么做才能使人民服从呢?"孔子回答说:"提拔正直的人,将其位置安排在邪恶的人之上,百姓就服从了;而提拔邪恶的人,将其位置安排在正直的人之上,人民就不服。"

【思维评析】这一部分内容涉及用人之道中相互关联的三个重要问题:举用什么样的人、如何用人和用人所要达到的效果。正直是人的生存之道,是立身处世之本。孔子在对比中强调选拔贤才的重要性。孔子德治思想的重要组成部分就是推荐美德之人,选择贤能之士。在春秋时期,选官用吏主要是世袭制。孔子的这种用人思想可以说是当时的一大进步。如今,孔子"举直错枉"的用人之道,仍具有超越时空的价值。

【故事解读】春秋五霸之首齐桓公在与兄弟公子纠争夺王位之时,在逃难回国的过程中,被管仲一箭射中腰带上的钩子,差点丧命。齐桓公装死躲过一劫,随即乘坐车子飞奔回国,赶在公子纠到达之前登上王位。齐桓公继位后,听从鲍叔牙建议:"君且欲霸王,非管夷吾不可。"齐桓公不计前嫌,重用管仲为相,执掌国家政务。在管仲的改革下,齐桓公励精图治,对内整顿朝政、厉行改革,对外尊王攘夷,终成一代霸业。

公元前260年,秦赵两军决战于长平,赵国40万兵将战败降秦,很快被秦军坑杀。长平之战可谓是赵国由盛转衰的一个拐点,导致战败的直接原因就在于新任大将赵括纸上谈兵,不懂用兵。而更深一个层次的原因,就是赵国统治者不会选用人才,听信谗言用赵括替代名将廉颇。

从这两个历史故事中不难看出,在人才选拔问题上,选用恰当则可能功成名就,选择失误则很可能一败涂地。

【原文呈现】子曰:"居上①不宽②,为礼不敬③,临丧不哀,吾何以观之哉?"

【难点注释】①上：上位，高位。②宽：宽厚，宽宏大量。③敬：恭敬，郑重。

【大意试译】先生说："处于上位却待人不宽厚，举行礼仪时却不恭敬认真，参加丧礼时却不哀伤，这种情况我怎么能看得下去呢？"

【思维评析】这部分内容强调当政者要宽厚、有礼、严肃、真诚，有仁爱之心，按仁、义、礼的标准做人、做事，成为民众的楷模。孔子主张实行"德治""礼治"，首先提出了对当政者的道德要求。如果为官执政者做不到"礼"所要求的那样，自身的道德修养不够，那这个国家就难以良性发展。当时社会上礼崩乐坏的局面，使孔子难以忍受。礼是发自内心的，没有内心的仁义礼智信，即使学会了礼的形式，也只是矫揉造作。所以恢复礼制必然要从内心出发，从本质入手。

这里也能看出孔子善于透过现象看本质，通过一些细节来判定当政者的执政水平。

【故事解读】东汉建安五年（200 年），曹操与袁绍在官渡展开激战。两军实力相差悬殊，袁军数倍于曹军，曹操部将大多认为袁军不可战胜。但曹操最终以少胜多，大败袁军。袁绍弃军逃跑，全部的辎重物资、图册兵藏被曹军缴获。在清点时，曹操的一名心腹发现了许多书信。他拿着信件去向曹操汇报："主公，这些都是袁绍与人来往的密函！"曹操说："把这些信都烧了吧！"心腹大惑不解。曹操说："当初，袁绍兵力远胜于我，连我自己都觉得不能自保，更何况是他们。与袁绍勾结只是他们不得已的选择啊。"这些信件都是在许都的官员和曹操军中的部将写给袁绍的，其中不乏示好投诚之语。曹操命人当众把信件全部焚烧。那些私通袁绍的部将，原本惊慌不定，见曹操此举，惭愧不已，同时也愈加感激，军中士气更盛。曹操趁势进击，冀州各郡纷纷献城投降。曹操实力大为增强，为此后统一北方奠定了基础。

曹操能够成就一番霸业，与他具备这种海纳百川、包容有异心的属下的胸怀和气度是分不开的。

【原文呈现】子游为武城①宰，子曰："女②得人焉尔③乎？"曰："有澹台灭明④者，行不由径，非公事未尝至于偃之室也。"

【难点注释】①武城：鲁国城邑。②女：同"汝"。③焉尔：相当于"于此"。④澹（tán）台灭明：姓澹台，名灭明，字子羽。

【大意试译】子游做武城的县长。先生说："你在那里得到什么人才了吗？"子游说："有个叫澹台灭明的人，走路不走小道，不是为公事从不到我这里来。"

【思维评析】评判一个人，不仅要看其"所为"，更要看其"不为"。一个人的"不为"，更能显示他的品质和底线。"在捷径道路上得到的东西决不会惊人。"徐悲鸿在《艺术家之功夫》中写道："所谓'巧'字，是研究艺术者之大敌。"现象是本质的外露和表现，现象背后隐藏着事物的本质，二者不可分割，也可相互转化。子游善于透过现象看本质，生动地回答了老师的问题。

【故事解读】在深圳龙岗街道盛平社区，居住着杨氏家族，他们宗祠的堂号叫"四知堂"。据杨氏族谱记载，东汉名士杨震为其祖先，杨震后人的一支辗转迁徙，于清代中期定居龙岗。关于杨震，有一个"四知"的典故。

杨震自幼通经史，博览群书，他不分贫富、因材施教，培育出了近三千名弟子。在他调任东莱太守路经昌邑时，遇到曾经被自己举荐过的官员王密，王密为感谢杨震的知遇之恩，趁着夜色给他送去十金。王密说："三更半夜不会有人知道，更不会影响到您的人品。"杨震道："怎么会没人知道。你顶天而来，天知道；踏地而来，地知道；携金而来，你知道；赠金与我，我知道。既然天知、地知、你知、我知，何为不知？"于是断然拒绝。

王密羞愧而去。从此杨震"四知"的清廉名声就传开了。他的儿子也像父亲一样风清气正，以清廉为做官准则。

杨氏"四知"，两袖清风，不取不义之财，珍惜廉洁声名，以信为守，以廉为节，誉满华夏，为后人传颂。

【原文呈现】子曰："不在其位，不谋①其政。"

【难点注释】①谋：考虑，参与，谋划。

【大意试译】先生说："不在那个职位上就不要干预那个职位的政事。"

【思维评析】这句话容易引起人们的疑惑：这不是提倡自私吗？解决这一问题，需要我们对孔子所言的"位"作出正确的、全面的认识。一个人的"位"不是唯一的，也不会一成不变。一个人可以同时拥有多重角色，且这些角色还在不断变化之中，不同的角色还要承担不同的职责。一个人要能够清醒地认识到自己的角色定位，履行该角色的职责，知道该做什么，不该做什么。"在其位，谋其政"，专心完成自己的职责；"不在其位，不谋其政"，"有所为，有所不为"，不分散精力，不互相干扰，不相互制约，工作效率才会提高。

"不在其位，不谋其政"的重点是要找准自己的位置，做好自己的本职工作，不越俎代庖，这与"事不关己，高高挂起""自扫门前雪"有着本质上的不同。

【故事解读】三国时期，司马懿曾问蜀国来使："孔明寝食及事之烦简若何？"使者说："丞相夙兴夜寐，罚二十以上皆亲览焉。所啖之食，日不过数升。"蜀汉使者的话形象地概括了诸葛亮殚精竭虑、呕心沥血的工作态度。但是，对于一军之帅来说，事必躬亲真的可取吗？作为理政治军的蜀汉统帅，诸葛亮更多考虑的应当是战略策略，运筹帷幄。当然，他在这方面做得也是非常出色的。但与此同时，他还要管刑狱、管钱粮，连"罚二十以上"的小事也不放心，要"亲览"，自然会忙得不可开交。这样的琐事势必会消耗他大量的精力，积劳成疾，最终病卒于五丈原，未能完成"攘除奸凶，兴复汉室"的夙愿，实在令人扼腕。

【原文呈现】子贡问政。子曰："足食，足兵，民信之矣。"子贡曰："必不得已而去，于斯三者何先？"曰："去兵。"子贡曰："必不得已而去，于斯二者何先？"曰："去食。自古皆有死，民无信不立。"

【大意试译】子贡问孔子怎样治理政事。先生说："准备充足的粮食，准备充足的军备，百姓对政府就有信心了。"子贡说："如果不得已必须去掉'粮食、军备、人民的信心'这三项中的一项，先去哪个？"先生说："去掉军备。"子贡说："不得已必须再去掉一项，这两项中先去掉哪个？"先生说："去掉粮食。自古人都会死，如果老百姓对统治者不信任，国家政权是立不住的。"

【思维评析】孔子认为治理一个国家，物质基础很重要，但更重要的是取得百姓的信任，使全国百姓同心协力，这体现了儒家重义轻利的主张，体现了儒家的人学思想。统治者如果不受百姓信任，就难免会失去执政的根基。后世"得民心者得天下""天时不如地利，地利不如人和"的说法，都与孔子这一思想一脉相承。

【故事解读】如今，人们的生活离不开移动通信基站，但选址建设却面临着难题。尽管科学数据已经证明，并不存在距离基站越近辐射越强的情况，但很多人仍"敬而远之"。根深蒂固的谣言急需破除，而常规的科普宣教很难起到作用。位于三亚市政府办公大院内的移动通信基站顺利建成，而此前三亚市委大院已经向基站开放建设。三亚市委市政府此举正是为了消除公众疑虑，用行动粉碎流传甚广的基站辐射谣言。有了市委市政府的

"亲身示范",当地民众对基站的抵制情绪想必会大大减弱,工作开展起来也会更为顺畅。三亚官方这种"以身作则"的方法,值得点赞。

【原文呈现】子张问政。子曰:"居之无倦,行之以忠。"

【大意试译】子张问孔子如何从政。先生说:"坚守职位不懈怠,执行政令要忠诚。"

【思维评析】这部分内容是从个人品行和修养方面来立论。孔子借回答问题,指出各级统治者身居官位,就要勤政爱民,以仁德的准则要求自己,以礼的原则治理国家和百姓,通过教化的方式消除民间的诉讼纠纷,执行君主的政令,勤政为民,这样才能做一个好官。在新的形势下,为官者更需要不断学习,加强自身修养,不断克服"倦",增强"忠"。

【故事解读】光武帝刘秀当上皇帝后,勤于治理朝政,每日上朝理政,太阳偏西才罢,晚上同大臣探讨治国方略,半夜才睡。他的勤奋工作,感动了文武大臣,也感动了他的儿子。有一次,皇太子怕这样下去会影响父亲的健康,便劝道:"陛下,你像夏禹、商汤一样英明,却不能像黄帝、老子那样善于养生。我们希望您注意身体健康,抽出时间安静地休息一下。"刘秀道:"我自己乐于这样做并不感到疲劳啊!"

后来,人们从刘秀的话中引申出了"乐此不疲"这个成语。意思是因酷爱干某事而不感觉厌烦,形容对某事特别爱好而沉浸其中。

【原文呈现】季康子问政于孔子。孔子对曰:"政者,正也。子帅以正,孰敢不正?"

【大意试译】季康子问孔子如何从政。孔子回答说:"政的意思就是端正。您自己带头做到端正,谁敢不端正呢?"

【思维评析】无论做人还是为官，重在一个"正"字。孔子政治思想中，对为官者要求十分严格，正人先正己。只有身居上位的人做到正己，那么他的臣民才会行正道。正所谓"桃李不言，下自成蹊"，"言传不如身教"，这里的"正人先正己""言行如一""以身作则"等道理，更体现着和谐发展的一种境界。孔子主张身正民行，上感下化，施不教之言，潜移默化地影响百姓。"照我说的做"与"照我做的做"效果是不同的。开国上将许世友曾说："有带头冲的官，就有不怕死的兵。"

【故事解读】范仲淹考中进士任广德参军后，便决定把母亲接到自己身边奉养。因积蓄不多，下属给他筹集了路费，但他不肯收下。他说："我还有一匹马，你把它卖掉，就有回家的路费了。"自此范仲淹"卖马接娘"的故事传为美谈。

范仲淹告诫子孙："贫贱时，无以为生，还得供养父母，吾之夫人亲自添薪做饭。当今吾已为官，享受厚禄，但吾常忧恨者，汝辈不知节俭，贪享富贵。"范仲淹的次子范纯仁结婚时，他听说儿媳将饰以锦罗帷幔，立即传训其子："吾家素清俭，安能以罗绮为幔坏吾家法，若将帷幔带入家门，吾将当众焚之于庭。"于是，儿子和媳妇便清简成婚。

范仲淹为官几十年间，奔波各地任职，长期居无定所，直到死也没有为自己置办一处宅第房产。宋仁宗奖励他的钱财他除了接济穷人，其余的都用来买地办学了。他出钱买地，修建并开办了苏州府学，广招天下寒士。苏州府学演变至今，成为引人瞩目的苏州中学。

为政当为民表率，范仲淹正是靠着"正"字而流芳千古。

【原文呈现】季康子问政于孔子，曰："如杀无道，以就有道，何如？"孔子对曰："子为政，焉用杀？子欲善而民善矣。君子之德，风。小人之德，草。草，上之风①，必偃②。"

【难点注释】①草上之风：草上有风。②偃（yǎn）：倒下，扑倒。

【大意试译】季康子问孔子如何为政，"如果杀掉作恶的人，亲近有道义的人，怎么样？"孔子回答说："您处理政事，怎么要用杀戮呢？您想把国家搞好，人民就会好起来。君子的德行好比风，小人的德行就好比草。君子德行必能压倒小人德行。"

【思维评析】孔子一向主张以道德感化人民，不主张刑杀治国。当政的人如能善理政事，百姓方会安居乐业。那些暴虐的统治者滥行无道，必然会引起百姓的反抗。历代的谏官、诤士等，都是以儒家这种仁爱伦理政治作为标准，来反对当政者暴政、穷兵黩武。没有人天生就是坏人，每一个人都希望走上正途，这就需要当政者拿出最合适的制度，让百姓能够安居乐业。当然，在古代社会制度下，把治国的基础建立在当政者的道德操守上，依赖人治，其弊端和危害也是非常明显的。

【故事解读】楚灵王喜欢男子有纤细的腰身，所以朝中的一班大臣，唯恐自己腰肥体胖，失去宠信，所以每天都只吃一顿饭。他们每天起床后，整装时先屏住呼吸，然后把腰带束紧，扶着墙壁站起来。等到第二年，满朝文武官员脸色都是黑黄黑黄的了。"上有所好，下必甚焉。"楚灵王个人的好恶影响了臣下的行为，引起百官的刻意逢迎和竞相邀宠。长此以往，君臣互动，渐成风气，其危害不言而明。

这个故事，再次提醒领导者一定要注意自己的言行，要用正确的方法来修身养性。

【原文呈现】子路问政。子曰："先之①劳之。"请益。曰："无倦。"

【难点注释】①先之：指身体力行，以身作则，带头做。

【大意试译】子路问怎样为政。先生说："自己先带头去干，再让百姓勤劳地工作。"子路请求孔子多讲一点。先生说："不要倦怠。"

【思维评析】这一则讲的是，身教重于言教，或者说，领导要身先士卒。

【故事解读】北宋年间，黄河决堤，从南清河溢出，汇聚在徐州城下，水不断上涨，很快就要涌进城里，冲毁城墙。城里的富人争着逃出城去避难。太守苏轼说："如果富人都出了城，民心一定会动摇，谁和我一起守城呢？只要有我在这里，就不会让决堤的水毁了城墙。"于是将富人赶回城中。苏轼到武卫营，把卒长叫出来说："河水将要冲进城里，事情很紧迫了，你们虽然是禁军也要暂且为我效力。"卒长说："太守您尚且不逃避洪水，我们这些人应该为您效力。"于是卒长率领他的士兵拿着畚锸出营，修筑东南方向的长堤，堤坝从戏马台起，末尾与城墙相连。雨日夜不停，没有受损的城墙只有三板（古代筑墙所用的板，每块高二尺，三板为六尺）。苏轼天天住在城墙上，即使经过家门也不入，派官吏在城墙各处守卫，终于保全了徐州城。

苏轼用自身的行动展现了为官者身先士卒的力量。

【原文呈现】子路曰："卫君^①待子而为政，子将奚^②先？"子曰："必也正名^③乎。"子路曰："有是哉！子之迂也。奚其正？"子曰："野哉，由也！君子于其所不知，盖阙^④如也。名不正则言不顺，言不顺则事不成，事不成则礼乐不兴，礼乐不兴则刑罚不中^⑤。刑罚不中则民无所措^⑥手足。故君子名之必可言也，言之必可行也。君子于其言，无所苟^⑦而已矣。"

【难点注释】①卫君：卫出公蒯辄。他与父亲争夺君位引起国家混乱，孔子认为治理卫国需要先正名，明确君臣、父子的关系。②奚：疑问代词，什么。③正名：纠正礼制名分使用不当的状况，正确使用各人的名分。名，名分，按照礼制确定人的名

分、地位、等级等。④阙（quē）：缺，指回避，保留。⑤中（zhòng）：恰当，得当。⑥措：放置，安放，处置。⑦苟：随便，马虎。

【大意试译】子路说："如果卫国的国君等您去治理国家，您将先做什么？"先生说："必将先纠正名分！"子路说："您真的迂腐到这等程度吗？为什么要正名分呢？"先生说："你太鲁莽了，仲由！君子对于他所不知道的应该采取保留态度。名分不正，言语就不顺；言语不顺，做事情就办不成；事情办不成，礼乐制度就无法建立；礼乐制度不建立，刑罚就不会得当；刑罚不得当，人民就手足无措，不知该怎么做。所以君子正名分一定有他的理由可以讲，讲了也一定可以行得通。君子对于他的言论是没有一点马虎的地方的。"

【思维评析】"必也正乎名"是孔子对为政的首要考虑。"正名"就是使名分、地位正。孔子认为治理国家政事首先要正名。大家要各安其分，各尽其责，社会才能稳定和谐。

【故事解读】战国时代，史疾为韩国出使楚国，楚王问他："你在研究什么学问？"史疾说："我在研究列御寇的学问。"楚王问："列御寇主张什么？"史疾说："主张正名。"楚王问："这可以用来治理国家吗？"史疾说："当然可以。"楚王又问："楚国盗贼很多，用它可以防范盗贼吗？"回答说："当然可以。"楚王接着问："怎么用正名来防盗？"这时正好有只喜鹊飞来停在屋顶上，史疾说："请问你们楚国人把这种鸟叫什么？"楚王说："叫喜鹊。"史疾又问："叫它乌鸦行吗？"楚王说："不行。"史疾说："现在大王的国家设有柱国、令尹、司马、典令等官职，任命官吏时，一定要求他们廉洁奉公，能胜任其职。现在盗贼公然横行却不能加以禁止，就因为各个官员不能胜任他的职位，这就叫作'乌鸦不称其为乌鸦，喜鹊不称其为喜鹊啊！'"

【原文呈现】子适^①卫，冉有仆^②。子曰："庶^③矣哉!"冉有曰："既庶矣，又何加焉?"曰："富之。"曰："既富矣，又何加焉?"曰："教之。"

【难点注释】①适：去，往，到。②仆：驾车。③庶（shù）：众多。这里指人口多。

【大意试译】先生去往卫国，冉有为他驾车。先生说："卫国人口真多啊!"冉有说："已经人口众多了，接下来又该做什么呢?"先生说："要使他们富裕起来。"冉有又说："已经富裕了，然后又该做什么呢?"先生说："该教育他们。"

【思维评析】孔子明确提出了"富而后教"的思想主张。在孔子看来，生存是发展的重要前提，为政者的首要任务是使百姓先富足起来，然后在此基础上教化民众，使其能够富而无骄、富而好礼。不难发现，孔子的这种"富民教民"思想与我们今天强调的物质文明和精神文明协调发展的方略相吻合。孔子提出"先富后教"，但这并不是说重富轻教。在孔子的思想中，教化百姓始终是一个非常重要的问题。"富"是建立在"庶"的基础上，"教"是建立在"富"的基础上，这是层层递进的，是从低级走向高级的。

【故事解读】西汉时，赵广汉任颍川太守，忧虑当地风俗喜欢聚朋结党，因此交结官吏和百姓，使他们互相告发，颍川因此告发成风，百姓多结成仇怨。之后，韩延寿调任颍川太守，想要改变这种风气，用礼义谦让的道德教化他们，于是他依次召见郡中长老数十人，设酒宴亲自奉陪，把施行礼仪的想法告诉他们，向他们询问闾里歌谣和百姓疾苦，向他们陈述和睦相处、相亲相爱、消除仇恨的办法。长老都认为很有益处，可以施行，于是共同商定嫁娶丧祭的礼仪和等级，大致依据古理，不得逾越法律限度，百姓依照他的教导行事，民风为之一变。过了几年，韩延寿调任东郡太守，黄霸接任韩延寿治理颍川，沿用他的方法，成绩卓著。

【原文呈现】子曰："苟①正②其身矣，于从政乎何有？不能正其身，如正人何？"

【难点注释】①苟：如果。②正：动词，使……端正。

【大意试译】先生说："如果端正自己的品行了，从事政务还有什么困难呢？不能端正自身品行，怎么去纠正别人呢？"

【思维评析】俗话说："正人先正己。"这里讲的就是这个道理。孔子把"正身"看作从政为官的伦理要求，具有深刻的思想价值，是后代道德政治的重要起源。"政者，正也。"（《正义》）不过，己身"正"，天下人是否就一定会"正"呢？这还需要从历史和社会的角度来回答，但这并不否认执政者"己身正"的重要性。

【故事解读】西汉名将李广为官清廉，得到赏赐就分给他的部下，饮食总与士兵在一起。李广一生做二千石俸禄的官共四十多年，家中没有多余的财物。李广对士兵宽厚和缓不苛刻，士兵因此爱戴他，乐于为他所用。公元前 119 年，在漠北之战中，李广因迷失道路，未能参战，大将军卫青派长史令李广幕府的人员前去受审。李广说："校尉们没有罪，是我自己迷失道路，我现在亲自到大将军幕府去受审对质。"后愤愧自杀。李广军中将士都为之痛哭。百姓听到这个消息，不论是否认识，不论老少都为之落泪。司马迁道："《论语》里说：'在上位的人自身行为端正，不下命令事情也能实行；自身行为不正，发下命令也没人听从。'这就是说的李将军吧！我所看到的李将军，老实厚道像个乡下人，开口不善讲话，可在他死的那天，天下人不论认识他的还是不认识他的，都为他尽情哀痛。他那忠实的品格确实得到了将士们的信赖呀！谚语说：'桃树李树不会讲话，树下却自然地被人踩出一条小路。'这话虽然说的是小事，但可以用来比喻大道理呀。"司马迁的这番话再次诠释了"正其身"的价值所在。

【原文呈现】子夏为莒父①宰，问政。子曰："无欲速，无见小利。欲速则不达，见小利则大事不成。"

【难点注释】①莒父（jǔfǔ）：鲁国城邑，在今山东莒县一带。

【大意试译】子夏做了莒父的官长，问如何为政。先生说："不要图快，不要只看见小便宜。图快反而却达不到目的，只看见小便宜就办成不了大事。"

【思维评析】"欲速则不达"，贯穿着深刻的辩证思维。生活中，要循序渐进，盲目求速图快，揠苗助长，违背客观规律，结果很可能是无法达到预期目的。当然，如果途径合理，立竿见影，也是可喜的事。只是这种成就虽然可以使人获得短暂的名利，却不易求得永恒。做人做事更应该把眼光放远，不断积累，厚积薄发，进而水到渠成。事实告诉我们，大中有小，小中含大，两者相互转化，故有因小失大、小中求大之理。圣人之道视大小为一，凡事大处着眼，小处着力，方可在小中见其大、成于大。

【故事解读】清代周容在《春酒堂诗文集》中写道："顺治七年冬天，我从小港想要进入镇海县城，吩咐小书童用木板捆扎了一大包书跟随着。这个时候，偏西的太阳已经落山，傍晚的烟雾缠绕在树头上，望望县城还有约莫二里路。顺便问那摆渡的人：'还来得及赶上南门开着吗？'那摆渡的人仔细打量了小书童，回答说：'慢慢地走，城门还会开着，急忙赶路城门就要关上了。'我听了有些动气，认为他在戏弄人。快步前进刚到半路上，小书童摔了一跤，捆扎的绳子断了，书也散乱了，小书童哭着，没有马上站起来。等到把书理齐捆好，前方的城门已经下了锁了。我醒悟似的想到那摆渡的人说的话接近哲理。天底下有很多人和事都因为急躁而失败，天黑了还找不到归宿，大概就像这样吧。"

【思考与探究】

当前，我国已全面开启依法治国的新纪元。孔子的德政思想在日益强调依法治国的今天，是否还有价值？请就此表达你的看法，并与同学交流。

【练习与活动】

当今时代，我国正有序推行国家治理体系和治理能力的现代化，在吸收西方现代文明的同时，也应该从儒家的创始者孔子身上汲取源头活水。结合本课有关内容，以"孔子德政思想对当代治国理政的启示"为话题，在班上展开探讨。

第十一课　教育教学

　　孔子是我国教育史上第一个将毕生精力贡献给教育事业的人，他对后世的教育活动产生了深远的影响。他开私人讲学之风，授徒讲学，弟子三千，被后世尊为"至圣先师""万世师表"。他在长期的教学实践中总结出来一系列具有深刻启发性和深远意义的教育思想，为中国传统教育理论的形成与实践奠定了坚实基础。在几千多年后的今天，我们在从事教育工作的过程中，仍时时感受到孔子的教育理念在许多方面对现代教育的借鉴与启迪作用。

　　【原文呈现】子曰："温故而知新，可以为师矣。"
　　【大意试译】先生说："常温习学过的知识，才能有新的体会，获得更进一步的知识，这样就能为人师表了。"
　　【思维评析】"温故而知新"是孔子对我国教育学的重大贡献之一。"温故"可以理解为回顾过去的知识，可以理解为对所发生的事情的经验教训进行反思，还可以是思考自己曾经做过的事情，看看有哪些是可取的，有哪些是消极的，这些都是极有价值的"温故"。温故还能把别人的东西转化成自己的东西。它不仅是一

种行之有效的学习方法，还是一种主动进取和开拓创新的精神。

当然，"温故"也不是紧紧抱着旧学不放，"温故"的目的是要能"知新"。同时，对于"故"也需要我们辩证看待。有时过时的经验可能比无知更可怕，使人固执己见并且误入歧途。

【故事解读】屠呦呦是第一位获得诺贝尔科学奖项的中国本土科学家、第一位获得诺贝尔生理医学奖的华人科学家。1969年，屠呦呦所在的中医研究院接到了一个"中草药抗疟"的研发任务，她被任命为研究组组长。

通过翻阅历代本草医籍，四处走访老中医，甚至连群众来信都没放过，屠呦呦终于在2000多种方剂中整理出一本含有640多种草药、包括青蒿在内的《抗疟单验方集》。可在最初的动物实验中，青蒿的效果并不显著。

于是屠呦呦再一次转向古老中国智慧，重新在经典医籍中细细翻找，突然，葛洪《肘后备急方》中的几句话牢牢吸引住她的目光："青蒿一握，以水二升渍，绞取汁，尽服之。"一语惊醒梦中人，屠呦呦马上意识到问题可能出在常用的"水煎"法上，因为高温会破坏青蒿中的有效成分。屠呦呦决定，用沸点只有35摄氏度的乙醚代替水或酒精来提取青蒿。最终在第191次实验（先后筛选方药200余种）中，屠呦呦课题组发现了抗疟效果为100％的青蒿提取物。

在当代，传承中医药文化，更需要我们"温故而知新"，而屠呦呦发现青蒿素就是其中的范例。

【原文呈现】子以四教，文①、行②、忠③、信④。

【难点注释】①文：典籍，文献，文化知识。②行：德行，品行。③忠：忠诚。④信：守信用。

【大意试译】先生从四个方面来教育学生：文化典籍知识、品行修养、忠诚、守信。

【思维评析】这部分内容主要论述孔子教学的内容。当然，这只是他教学内容的一部分。孔子注重历代古籍、文献资料的学习，还重视社会实践活动，培养忠诚、守信的德行。文化知识的学习与社会实践的开展并行不悖，学问的积累与人格的培养相辅相成，这是孔子教育内容全面性、互补性的具体体现。

【故事解读】战国时期，赵襄子联合韩、魏消灭智伯瑶。智伯瑶的家臣豫让想为主公报仇，就化装为罪人，潜入赵襄子的宫室中打扫厕所。赵襄子上厕所时，忽然心惊不安，令人搜查，抓获了豫让。随从要将他处死，赵襄子说："智伯瑶已死无后人，而此人还要为他报仇，真是一个义士，我小心躲避他好了。"于是释放豫让。接着豫让又漆身为癞，吞炭为哑，在街市上乞讨，连结发妻子见面都认不出来。朋友认出他，为他垂泪道："以你的才干，如果投靠赵家，一定会成为亲信，那时你就为所欲为，不是易如反掌吗？何苦自残形体如此？这样来图谋报仇，不是太困难了吗！"豫让说："我要是委身于赵家为臣，再去刺杀他，就是怀有二心。我现在这种做法，是极其困难的。然而还要这样做，就是为了让天下与后世做人臣子而怀有二心的人感到羞愧。"后来赵襄子乘车出行，豫让潜伏在桥下。赵襄子到了桥前，马突然受惊，进行搜索，捕获豫让，豫让知道非死不可，于是恳求赵襄子把衣服脱下，以完成心愿。赵襄子答应了他的要求，豫让拔剑连刺衣服三次，然后自杀。豫让身死的那一天，整个赵国的侠士都为他痛哭流涕。

豫让如此忠肝义胆，青史留名。

【原文呈现】子曰："中人以上，可以语①上也。中人以下，不可以语上也。"

【难点注释】①语（yù）：动词，告诉，讲，说。

【大意试译】先生说："中等水平以上的人，可以讲给他高深的学问；中等水平以下的人，不可以讲给他高深的学问。"

【思维评析】孔子承认，人的智力从诞生之日起就有聪明和愚笨的区别。既然人有诸多差异，所以孔子在教学过程中，提出了"因材施教"的原则，这是他教育思想中的一个重要内容，即根据学生智力水平来确定教学内容和教学方法，这为我国教育学的形成和发展做出了积极的贡献。推而广之，对什么样的人说什么样的话，是一件十分重要的事情；对同一个人，什么时候说话，说什么话，怎么说话，也是一件十分讲究的事情。

【故事解读】史书中有"公孙痤荐卫鞅——好坏都讲"的故事。当时魏惠王前往相国府探望卧病在床的公孙痤，并问道："如果您不在了，社稷应该交付于何人呢？"公孙痤回答说："卫鞅（即商鞅，卫国人）年轻有才，可以担任国相治理国家。"当魏惠王得知卫鞅只是一个无名的中庶子时，就对公孙痤的举荐不以为意。公孙痤无奈，便调转话头对魏惠王说："主公如果不用卫鞅，一定要杀掉他，否则必将成魏国后患！"待魏惠王离开，公孙痤又赶紧把卫鞅唤至榻前，说："卫鞅啊，你赶快逃离魏国！"卫鞅问何故，公孙痤回答说："我知道你有才，刚才特向大王举荐你，可是他却不愿用你，他不用你必会杀你啊！"卫鞅弄清原委后却十分淡定，说："我不会离开的！国君既然不采纳您的举贤之言，又怎会听从您的劝说而杀我呢？"事后，卫鞅没有逃离魏国，魏王也没有杀卫鞅。

从这个故事中我们不难看出，卫鞅的判断是正确的。说什么话，怎么说，要根据对象来决定，否则可能会是对牛弹琴。

【原文呈现】子贡问："师①与商也孰②贤？"子曰："师也过，商也不及。"曰："然则师愈③与④？"子曰："过犹不及。"

【难点注释】①师：即子张。②孰：谁。③愈：胜过，更好。④与：同"欤"。

【大意试译】子贡问孔子："师和商，谁更好些?"孔子说："师呢，有些过分；商呢，有些赶不上。"子贡说："那么是师更好些吗?"孔子说："过分了和不够是同样的。"

【思维评析】孔子认为，做学问、提高道德修养，凡事都有一个标准，超过了标准，做过了头，就是过；达不到标准，就是不及。为人处世，不要过分，也不要不及，过分与不及，都是偏离目标，不能中的。列宁说过："真理超出一步便成为谬误。"在人的一生中，恐怕最难把握的就是分寸。做人做事恰如其分，是人生的最高境界。做人做事恰到好处，是人生的一大学问。分寸，往往是人生长河中的一个分水岭，超越它，好与坏、善与恶、爱与恨、喜与悲就可能发生转变。要本着平等和理性的态度去尊重他人，彼此之间留一点分寸，留一点余地，"花未全开月半圆"，适度为好。

【故事解读】《百喻经》中有这样一个故事：昔有愚人，适友人家，与主人共食，嫌淡而无味。主人既闻，乃益盐。食之，甚美，遂自念曰："所以美者，缘有盐故。"薄暮至家，母已具食。愚人曰："有盐乎? 有盐乎?"母出盐而怪之，但见儿唯食盐不食菜。母曰："安可如此?"愚人曰："吾知天下之美味咸在盐中。"愚人食盐不已，味败，反为其患。天下之事皆然，过则非唯无益，反害之。这个故事告诉我们，做任何事情都要有一个限度，恰到好处时美妙无比，一旦过头就有可能走向反面。

【原文呈现】子路问："闻斯①行诸?"子曰："有父兄在，如之何其闻斯行之?"冉有问："闻斯行诸?"子曰："闻斯行之。"公西华曰："由也问'闻斯行诸'，子曰'有父兄在'。求也问'闻斯行诸'，子曰'闻斯行之'。赤也惑，敢问。"子曰："求也退，故进之。由也兼人②，故退之。"

【难点注释】①斯：代词，指听到的道理等。②兼人：指刚

勇能干，一个人顶得上两个人。

【大意试译】 子路问先生："听到有道理就马上去做吗？"先生说："父亲哥哥还活着，怎能听到就做呢？"冉有问："听到有道理就马上去做吗？"先生说："听到就做。"公西华说："仲由问'听到就做吗'，您说'父亲和哥哥还活着'。冉求问'听到就做吗'，您说'听到就做'。我很困惑，大胆地问您为何回答不同。"先生说："冉求做事畏缩不前，所以这样说使他勇于进取；仲由一个人顶得上两个，所以这样说，以便约束他使他慎重。"

【思维评析】 本部分内容是孔子的中庸思想在教育实践中的体现。在这里，他希望自己的学生不要退缩，也不要过分冒进，要进退适中。因此，对于同一个问题，孔子针对子路与冉求的不同情况作了不同回答。同时这也生动地体现了孔子因材施教的教育特点。孔子做事不拘泥，常常因人、因时、因事、因地而变。这种"因材施教"的意义正在于认识和探索人的个性心理特殊性。注重个体的独特性，是孔子教育思想的一大特色，体现了孔子求真务实、强调个体差异的特点。

【故事解读】 曾国藩善于根据儿子的气质，因材施教，扬长避短。

如针对曾纪泽记性差、悟性好的特点，教读书不强求背诵，只要求读懂。他给儿子的老师写信说："纪泽读书记性差、悟性较佳。若令其句句读熟，则愈读愈蠢，将来仍不能读完经书也。请子植弟将纪泽儿未读之经每日点五六百字教一遍，解一遍，令其读数十遍而已，不必能背诵也，亦不必常温习也。待其草草点完之后，将来看经解，亦可求熟。若蛮读蛮记蛮温，断不能久熟，徒耗日工而已。"

曾纪泽悟性强，曾国藩就教儿子泛观博览，速点速读，发挥其长处。他在家书中写道："纪泽看《汉书》，须以勤敏行之。每日至少必须二十页，不必惑于在精不在多之说。"在为人方面，曾国藩根据曾纪泽、曾纪鸿的不同特点来教导，他在家书里写道："泽儿天资聪颖，但嫌过于玲珑剔透，宜从浑厚上用些功夫。鸿儿则从勤字上用些功夫。"曾纪泽日后成为一名出色的外交家，与父亲的因材施教有着密切的关系。

【原文呈现】子曰："有教无类。"

【大意试译】先生说："对谁我都会教育，没有贫富贵贱地域的差异。"

【思维评析】孔子的施教对象、教学内容及培养目标都有其独特性。他开展教育，反映了当时文化下移的现实，学在官府的局面得到改变，除了出身贵族的子弟可以受教育外，其他各阶级、阶层都有了受教育的可能性和机会。他招募弟子，不分贵贱，不分国界，只要有心向学，都可以入学受教，开创了平民教育的先河。

而谢质彬先生在《文史知识》1989年第11期发文提出了不同见解：所谓"有教则无类"，就是说，人原本是"有类"的。比如有的智，有的愚；有的贤，有的不肖。但这些差异可以通过教育来消除，这就叫"有教则无类"，简称"有教无类"。"有教无类"是教育的结果，不是前提。易中天先生在百家讲坛《先秦诸子——实话孔子》中，也持这一看法。

【故事解读】孔子的学生所从事的职业五花八门，子贡是商人，颜涿聚当过强盗，子张是做马匹交易的经纪人；国籍也各有不同，曾子是鲁国人，子张是陈国人，子游是吴国人；学生性格也有很大差异，高柴愚笨，曾参迟钝，仲由鲁莽。有人问子贡："孔子的学生怎么这么杂？"子贡回答："老师自身很端正，想来的人都不拒绝，想走的也不阻止，所以很杂。"而"杂"正体现了"有教无类"的办学思想。只要有人想学习，就应该教育他，而不要管他是什么出身、什么品性，这就是"有教无类"，是

孔子毕生身体力行的原则。

【原文呈现】子曰："弟子^①入则孝，出则弟^②，谨^③而信，泛爱众，而亲仁^④。行有余力，则以学文。"

【难点注释】①弟子：一种意思是年纪幼小的人，另一种意思是学生。这里是第一种意思。②弟：同"悌"，敬重兄长。③谨：谨慎寡言。④仁：有仁德的人。

【大意试译】先生说："年轻人在家要孝顺父母，离开自己家便敬重兄长，谨慎寡言，说话诚实守信，博爱大众，亲近有仁德的人。这样做了还有余力的话，再去学习文献。"

【思维评析】孔子的教育是以道德教育为中心的，培养学生的德行修养是首要问题，而书本知识的学习，则处于第二位。做人首先要注重品德修养，其次才是学识。德育第一，智育第二，这两者的关系是非常明确的。"德者，才之帅也。"这是司马光在《资治通鉴》中的一个论断。但丁也说过："道德常常能填补智慧的缺陷，而智慧永远填补不了道德的缺陷。"当然，反对重才轻德、以才代德，并非轻视"才"的作用。必须坚持德与才的辩证统一，对待二者既不能割裂也不能偏废。

纵观当今社会，有时候一味地强调学习知识取得好成绩，难免会忘记了读书的真正目的。

【故事解读】杨怀保出生于陕西省汉中市勉县，家境贫寒。2003年，杨怀保以优异的成绩考入湘潭大学，因其放心不下体弱多病的父母、年幼的弟弟，大一时便将全家人接到自己身边。在学习上，他勤奋刻苦，积极参加社会调研，获得挑战杯大赛金奖等荣誉。同时，他用爱心和责任奉献社会，带领身边数千名大学生勤工俭学，积极帮助困难老人、关怀空巢老人；他利用学习之余奔走于全国各地，深入农村留守儿童学校、家庭调研，为约10万名贫困中小学生作了励志报告，唤醒广大的青年人勇于担当、自强不息；他还多次深入高校、政府机关、社区、监狱等宣扬孝道，号召全社会关爱老人、关心留守儿童等弱势群体，弘扬中华民族传统美德。在北京奥运期间，他积极宣扬奥运精神，参与志愿服务。他的感人事迹受到社会各界的高度赞誉，2007 年 9 月，杨怀保被评选为"全国孝老爱亲模范"，受到党和国家领导人的亲切接见。

【原文呈现】子夏①曰："贤贤易②色，事父母能竭其力，事君能致③其身，与朋友交，言而有信，虽曰未学，吾必谓之学矣。"

【难点注释】①子夏：孔子的学生，姓卜（bǔ），名商，子夏是他的字，比孔子小 44 岁。②易：交换，改变，也有轻视、简慢的意思。③致：奉献。

【大意试译】子夏说："对妻子重品德不重容貌；侍奉父母能尽心竭力；服侍君上，能奉献生命；同朋友交往，说话讲信用。这样的人，虽说没有学习过，我一定要说他已经学习过了。"

【思维评析】子夏认为，一个人有无学问，学问的好坏，主要不是看他的文化知识，而是要看他能否实践"孝""忠""信"等传统伦理道德。只要做到了后面几点，即使他说自己没有学习过，但他已经是有道德修养的人了。这里明确指出儒家的"学"，主要指现实的实践行为，而非书面的诵读研究。因此"学"在《论语》以及在儒学中有广义和狭义之分。狭义才指"行有余力，则以学文"的"学"，即指学习文献和知识；但是孔门更强调的是广义上的"学"，即德行胜于知识，行为优于语言。

【故事解读】清朝时，苏州吴县有个商人叫蔡林。他的一位朋友将一笔巨额银两寄存在他家，没有留下任何凭证。不久，这位朋友病故了，蔡林就把朋友的儿子叫来，交还这笔重金。朋友的儿子不愿平白无故地接受这千金之资，便说："没有这回事，这么多的银两能没有个字据吗？再说，家父生前从未对我提及这件事。"蔡林听了，笑了笑说："字据在我心里，不在纸上。你父亲了解我的为人，所以他没有告诉你。"

【原文呈现】子曰："三①人行，必有我师焉。择其善者而从之，其不善者而改之。"

【难点注释】①三：虚数，极言很多。此句中泛指多个人。

【大意试译】先生说："如果多个人一起走，当中必定会有能做我老师的人。选择他的长处学习，以他的短处作为自己改正的参照。"

【思维评析】这句话家喻户晓，但是我们并不是经常能够做到。孔子虚心向他人学习的精神十分可贵，更可贵的是，他不但以"善者"为师，还以"不善者"为师，这其中蕴含着深刻的哲理。我们常犯的一个毛病就是往往只看到自己的优点和他人的缺点，爱拿自己的长处和他人的短处相比。孔子的这种态度和精神，也是与人相处的一个重要原则。随时注意学习他人的长处，随时以他人缺点为戒，自然就会多看多学他人的长处。这不仅是提高自身修养的绝佳途径，也是促进人际关系和谐的重要方式。

【故事解读】苏轼在《东坡志林》中记述了这么一件事：四川有个杜处士，喜爱书画，他珍藏的书画有几百幅。其中有一幅是戴嵩画的牛，他尤其珍爱。他用锦缝制了画套，用玉做了画轴，经常随身带着。有一天，他摊开了书画晒太阳，有个牧童看见了戴嵩画的牛，拍手大笑着说："这张画画的是斗牛啊，斗牛的力气用在角上，尾巴紧紧地夹在两腿中间。现在这幅画上的牛却是摇着尾巴在斗，太可笑了！"杜处士听了，认为他说得很有道理。古人有句话说："耕种的事应该去问农民，织布的事应该去问婢女。"这个故事就是"择师而从"的形象体现。

【原文呈现】子路、曾皙^①、冉有、公西华侍坐。子曰："以吾一日长^②乎尔，毋吾以也。居则曰：'不吾知也。'如或知尔，则何以哉?"子路率尔而对曰："千乘之国，摄^③乎大国之间，加之以师旅，因之以饥馑^④，由也为之，比及^⑤三年，可使有勇，且知方^⑥也。"夫子哂^⑦之。"求，尔何如?"对曰："方六七十，如五六十，求也为之，比及三年，可使足民。如其礼乐，以俟君子。""赤，尔何如?"对曰："非曰能之，愿学焉。宗庙之事，如会同^⑧，端章甫^⑨，愿为小相焉。""点，尔何如?"鼓瑟希^⑩，铿尔，舍瑟而作^⑪，对曰："异乎三子者之撰^⑫。"子曰："何伤^⑬乎! 亦各言其志也。"曰："莫^⑭春者，春服既成，冠者五六人，童子六七人，浴乎沂，风乎舞雩^⑮，咏而归。"夫子喟然叹曰："吾与^⑯点也!"三子者出，曾皙后。曾皙曰："夫三子者之言何如?"子曰："亦各言其志也已矣。"曰："夫子何哂由也?"曰："为国以礼，其言不让，是故哂之。""唯求则非邦也与^⑰?""安见方六七十，如五六十，而非邦也者?""唯赤则非邦也与?""宗庙会同，非诸侯而何? 赤也为之小，孰能为之大?"

【难点注释】①曾皙（xī）：姓曾，名点，曾参的父亲，也是孔子的学生。②长：年长。③摄：夹在中间受到逼迫。④饥馑（jǐn）：灾荒年。《尔雅·释天》："谷不熟为饥，蔬不熟为馑。"⑤比及：等到，到了。⑥知方：懂得道理，遵守礼仪。⑦哂（shěn）：微笑，这里略带讥讽。⑧会同：诸侯会盟。两诸侯相见叫会，许多诸侯相见叫同。⑨端章甫：端，也写作"褍"，周代礼服也叫玄端。章甫，指一种礼貌。此处指穿着礼服。⑩希：同"稀"，稀疏，指速度放慢。⑪作：站起来。⑫撰（zhuàn）：说的话。⑬伤：妨碍，妨害。⑭莫：同"暮"，晚的意思。⑮风：动词，吹风。舞雩（yú）：古代求雨的祭坛。⑯与：赞同。⑰与：同"欤"。

【大意试译】子路、曾皙、冉有、公西华陪先生坐。先生说：

"因为我比你们年纪都大，但你们不要在意这个。你们平常总说：'没人了解我啊。'要是有人了解你要任用你，你将怎么做？"子路不假思索地回答说："有千辆兵车的国家，夹在大国之间，外面有军队侵犯，国内又有饥荒，让我来治理它，等到三年，就可以使人民勇敢，并且懂得道义。"先生微微笑了笑。又问："冉求，你怎样呢？"冉求回答说："国土纵横各六七十里或者五六十里的小国家，我去治理，等到三年，可以使人人富足快乐。至于修明德制礼乐，只有等君子了。"（先生）又问："公西赤，你怎样呢？"公西赤回答说："不是说我已经很有本领了，我愿意这样学习。在宗庙祭祀的事务上或者与别国的盟会中，我愿意穿着礼服，戴上礼帽，做一个小小的司仪。"（先生）又问："曾点，你怎样呢？"他正弹瑟，声音稀疏，铿的一声，放下瑟站起来说："我的志向和他们三位同学所讲的不同。"先生说："那有什么妨碍呢？正是要各人说说自己的志向呢。"曾晳说："暮春三月，都穿上了春天的衣服，和五六个成年人，六七个少年人，去沂河洗个澡，在舞雩台上吹吹风，唱着歌回来。"先生叹息说："我赞同曾点的想法啊！"子路、冉有、公西华三人出来了，曾晳后走。曾晳问道："那三位同学的话怎样？"先生说："也不过各自说说自己的志向罢了。"曾晳又说："您为何对仲由微笑呢？"先生说："治理国家应讲究礼让，他说话却不谦让，所以笑笑他。"曾晳又问："难道冉求所讲的就不是国家之事了吗？"先生说："怎见得纵横六七十里或五六十里的土地就不是国家了呢？"曾晳又问："公西赤所讲的不是国家大事吗？"先生说："有宗庙、有国家间的会盟，不是国家是什么？如果公西赤只能做个小相，谁能做大相呢？"

【思维评析】聆听着孔子和他的弟子子路、曾晳、冉有、公西华的闲坐聊天，想象着师生们谈笑风生，感受着其乐融融的和谐气氛，不禁让人感觉到，孔子深邃的教育思想具有无限的光芒，它穿越了两千多年的时空，仍然映照着我们今天的教育理念。从孔子师生愉快的对话交谈之中，他们的志向、各自不同的修身治国平天下的理想主张得以展现，其中的教与学、取与舍，明确清晰。学生思维的活跃、谈话场面的和谐，其乐融融，令人羡慕不已。这样的课堂教学是自由的，"从心所欲"，但又"不逾矩"，统一在"各言其志"上，气氛是民主的，既用谈话法，又用讨论式，我们仿佛听到了孔子杏坛讲学的弦歌之声。这就是教学境界的美。

【故事解读】清华大学国文系原主任、文史大师刘文典去教室讲课前，先由校役带一壶茶，外带一根两尺来长的竹制旱烟袋。讲到得意处，他一边吸旱烟，一边解说文章精义，下课铃响也不理会。讲《月赋》时，他选择明月当空的氛围下，摆一圈座椅，自己坐在中间对着一轮皓月"颂明月之章"，形象生动，令学生们沉醉其中。

西南联大毕业学生王浩回忆起当年的生活时说："教师之间，学生之间，师生之间，不论年资和地位，可以说谁也不怕谁。当然因为每个人品格和常识不等，相互间会有不快，但大体上开诚布公多于阴谋诡计，做人和做学问的风气是好的。例如在课堂上，有些学生直言指出教师的错误，而教师因此对这些学生更欣赏。有两次教师发现讲授有严重错误，遂当堂宣布：近几个星期以来，讲得都不对，以后重讲。教师与学生相处，亲如朋友，有时师生一起学习新材料。同学之间的竞争一般也光明正大，不伤感情，而且往往彼此讨论，以增进对所学知识的了解。"

【思考与探究】

1. 材料一：子曰："由之瑟，奚为于丘之门?"门人不敬子路。子曰："由也升堂矣，未入于室也。"（《论语·先进》）

材料二：子曰："道不行，乘桴浮于海，从我者，其由与?"

子路闻之喜。子曰："由也好勇过我，无所取材！"（《论语·公冶长》）

从孔子对子路两次评价的共同特点中概括出孔子的教育特色，并加以评析。

2. 孔子一方面主张"有教无类"，另一方面又在说"中人以上，可以语上也；中人以下，不可以语上也。"这前后是否存在着矛盾，说一说你的看法。

【练习与活动】

孔子组织教学，有时是在师生之间，有时是在学生之间；有时是论人，有时是议事；可以是天下大事，也可以是鸡毛蒜皮。那么，在当前的教育教学中，孔子的教学内容和方式有无可资借鉴的地方？试就这一话题与老师、同学进行交流。

第十二课　军事

　　孔子生活在宗法等级制逐渐解体的社会大变革时期。面对礼崩乐坏、战争频仍的现状，他以"礼"为标准衡量战争，力主"礼乐征伐自天子出"，反对"礼乐征伐自诸侯出"（《论语·季氏》），称颂尊王攘夷、讨叛伐逆的战争，抨击灭国绝祀、以下犯上的行为；主张言战议兵必须慎重，"临事而惧，好谋而成"（《论语·述而》），并提出"文事""武事"兼备的国策；强调教民"即戎"，进行长期训练，反对"不教民战"（《论语·子路》）；主张经国治军要"一张一弛"，宽猛相济；提倡"仁"、"知"（智）、"勇"。这些论述奠定了先秦儒家军事思想的基础，对后世兵学具有积极的影响。

　　【原文呈现】子曰："以不教民战，是谓弃之。"
　　【大意试译】先生说："用没有经过军事训练的人去作战，等于抛弃他们。"
　　【思维评析】孔子并非书呆子，只讲修养、文化之类。从这部分内容可以看出，孔子并不完全反对利用军事手段解决某些问题。他主张训练百姓，否则便是抛弃了他们，是对他们生命的不

负责任。这也从反面有力地论证了让国家长治久安的主要办法在于富国强民，教化百姓，使他们安居乐业。

【故事解读】 战国时期，吴起提出，用兵的原则首先是教育训练军队。一人学会打仗，可以教会十人，以此类推可以教会全军。每种动作、队形变化，都要反复练习直至全部掌握。吴起一生先后领兵大规模作战 76 次，64 次全胜，12 次平手，这与其强调练兵有莫大的关系。1936 年 6 月，西北抗日红军大学（1937年改称中国人民抗日军事政治大学，以下简称"抗大"）开学，中国近现代教育史上著名的"窑洞大学"由此诞生。在艰苦的战争环境下，"抗大"培养出 10 余万德才兼备的军政干部，如火种一般播撒全军，为我党我军发展壮大、夺取抗日战争和解放战争胜利，发挥了先锋模范和中流砥柱的作用。据统计，共和国 36位军事家中，18 位毕业于"抗大"。新中国成立之初，地方省、部级干部中，"抗大"学员更是比比皆是。

【原文呈现】 卫灵公问陈①于孔子。孔子对曰："俎豆之事②，则尝闻之矣。军旅之事，未之学也。"明日遂行。

【难点注释】 ①陈：同"阵"。②俎（zǔ）豆之事：指礼节仪式方面的事。俎，古代祭祀宴飨用来盛放牲肉的器具。豆，古代盛食品的器具，类似高脚盘，都是祭祀礼器。

【大意试译】 卫灵公问先生军队列阵的方法。先生回答说："祭祀礼仪方面的事我曾经听说过；军旅的事，我没学过。"第二天先生就离开了卫国。

【思维评析】 卫灵公向孔子询问有关军事方面的问题，孔子对此很不感兴趣。从总体上讲，孔子反对用战争的方式解决国与国之间的争端，当然在具体问题上也有例外。孔子渴望实现天下大同，希望人们仁爱礼让；但现实中的孔子头脑清醒，毫不迂腐，他也懂得"文事"与"武备"之间的关系。齐、鲁两国在夹谷会盟，孔子力主带兵前往，才使得齐国的阴谋未能得逞。孔子主张和平，反对战争，反对专注于兵战问题。对卫灵公的发问，他觉得"道不同不相为谋"。

【故事解读】追求和平，避免战争，是人类追求的永恒主题，也是人们至今没能解决的难题。古人认识到战争是人类自相残杀的怪物，对它必须采取慎重态度，一方面强调"安不忘战，好战必危"。另一方面，也忠告人们："兵凶战危，好战必亡。"《老子》说："师之所处，荆棘生焉，大军之后，必有凶年。""兵者不详之器，非君子之器。"《孙膑兵法》提出："乐兵者亡，而利胜者辱。"《孙子兵法》明确提出"安国全军""唯民是保"的和平战争观，强调"非利不动，非得不用，非危不战"，不能把战争当成君主将帅们侵略扩张、逞威泄愤的工具。今天，中国是安理会五个常任理事国中派出维和人员最多的国家，中国承担的维和经费也已是发展中国家之最以及全球第二。中国维和部队大多驻扎在世界上相对动荡的地区，他们承担着和平年代的巨大风险。维和官兵不惧艰险、不怕牺牲，代表着中国这个发展中国家对和平的美好向往和执着追求。

【思考与探究】

"冉有为季氏将师，与齐战于郎，克之。季康子曰：'子之于军旅，性之乎？学之乎？'冉有曰：'学之于孔子。'"可见孔子不仅自己精通军旅之学，也向弟子传授武艺等军旅之学。但是，他在回答卫灵公时又说："军旅之事，未之学也。"前后存在着矛盾，你是如何看待这一矛盾的？

【练习与活动】

材料一：子之所慎：斋，战，疾。（《论语·述而》）

材料二：陈成子弑简公。孔子沐浴而朝，告于哀公曰："陈恒弑其君，请讨之。"（《论语·宪问》）

材料三：子曰："善人教民七年，亦可以即戎矣。"（《论语·子路》）

材料四：子曰："暴虎冯河，死而无悔者，吾不与也。必也临事而惧，好谋而成者也。"（《论语·述而》）

后世研究者对孔子的研究往往集中在哲学、政治学、文化学、伦理学和教育学等方面，那么孔子的军事思想对于现代军事和国防是否还有借鉴意义呢？试结合本课内容及以上四则，与同学交流这一话题。

第四单元　哲学之思

作为理性生物的人，除了思考自我、自我与他人、自我与社会等问题，还有一个绕不开的话题：自我与自然、与世界、与宇宙以及真善美、生死等宏大而终极的话题，只有在对这些问题的不断追问中，我们才能活出价值与意义，人生才能走得更远。孔子在这方面会给我们不少启示。

第十三课　仁

　　"仁"是《论语》的核心概念，孔子把"仁"作为最高的道德原则、道德标准和道德境界。什么是"仁"？如何去践行"仁"？走进这一课，大家会看到"仁"的诸多含义，也能够看到孔子提供的践行"仁"的方法路径。在这些含义和方法背后，你能够看到孔子对理想人性、对理想社会秩序的深刻思考。

　　【原文呈现】仲弓①问仁。子曰："出门如见大宾，使民如承大祭。己所不欲，勿施于人。在邦无怨，在家无怨。"仲弓曰："雍虽不敏，请事斯语矣。"

　　【难点注释】①仲弓：冉雍，参见《公冶长第五》第五章注。

　　【大意试译】仲弓问什么是仁。先生说："出门如同去接待贵宾，差遣役使人民如同去承担大的祭典，要小心谨慎。自己不想要的，也别施加给别人。在邦国中没有怨恨，在家族中没有怨恨。"仲弓说："我虽然不聪敏，也要实践您这番话。"

　　【思维评析】"己所不欲，勿施于人"，自己不愿承受的事也不要强加在别人身上。在成长过程中，我们容易以自己为中心，忽略他人的感受。如果我们能够把自己当作参照物，推己及人，换位思考，多从对方的角度去考虑问题，便能更容易以仁爱之心待人，也会让人际关系更加和谐，很多矛盾也就迎刃而解了。

当然，如果仅以自身作为参照也会有一定的局限性，倘若能够增加参照对象的数量，以世界和自己做对比参照，想一想先贤之言，想一想自己的感受，推及对方感受，放眼世界，取长补短，"仁"的范围才更加宽阔。不过倒过来思考，"己所欲，施于人"，觉得自己能够承受的，就一定施加在别人身上，这也是不对的。

【故事解读】《杂宝藏经》中有这样的故事：

"波罗奈国"国王颁布规定，家里父亲年满六十后，子女要给他换上破鞋子，让他看门，不这样做就要受处罚。国王家乡一对兄弟的父亲已六十了，哥哥要弟弟给父亲换上破鞋子，让父亲去看门。弟弟拿出了三双破鞋子，哥哥奇怪弟弟怎么多拿两双破鞋，弟弟说："想到以后我们的儿子也会这样，我就把我们需要的破鞋子也找来了。"哥哥愣住了，问："我们以后也会这样吗？"弟弟说："只要这种规定存在，我们就会这样。"哥哥一下明白了，和弟弟来到王宫，向国王禀明自己的想法。国王受到触动，废除了这个规定，要人们孝顺父母。

"己所不欲，勿施于人"，弟弟用这一道理让哥哥恍然大悟。故事让我们明白，推己及人，换位思考，便能更容易以仁爱之心待人。孟子"老吾老，以及人之老；幼吾幼，以及人之幼"，讲的也是同样的道理。

【原文呈现】樊迟问仁。子曰："居处恭，执事敬，与人忠，虽之①夷狄，不可弃也。"

【难点注释】①之：动词，到。

【大意试译】樊迟问什么是仁。先生说："在家能恭敬端庄，做事能认真谨慎，对人能忠实诚恳。这种品德即使到了偏远的夷狄之邦，也是不能放弃的。"

【思维评析】孔子将"恭""敬""忠"三个方面当作"仁"的基本内涵。明朝内阁首辅张居正对这句话有过阐释："恭，是敬之见于外者。敬，是恭之主于中者。忠，是尽心而不欺。"说的是做人首先心中要有"敬"，自然对外就能谦恭端庄。"忠"则是尽心尽力，不欺瞒。

从这里可以看出，平时我们为人处世，首先就应该有一颗认真谨慎恭敬之心，在家里应该自觉地规矩恭敬；做事应该一丝不苟，认真严谨；和人相处要忠诚、诚恳，不要欺瞒别人，也不要总是口出妄言。这一部分在字面上似乎分了居家、工作和与人相处三种情况，但是就像是诗歌的"互文"手法一样，其实，"恭、敬、忠"这三个品行应当贯穿我们为人处世的整个过程和每一个细节。

另外，自我修养是一种对内心的坚守，就算是我们孤身一人，也应该坚守"恭、敬、忠"这样的信条，不可因为无人监督而肆意妄为，就算是我们在异国他乡，世事艰难，也应该坚守这样的品德。

【故事解读】东汉时的朱晖，父亲很早就去世了，为人处世很忠信。在太学读书时，就因人品高尚、尊师爱友深受人们尊敬。

朱晖的南阳同乡张堪是个潜心儒学、素有学行的人，很欣赏他的为人。有一次，张堪在太学里见到了朱晖，挽着他的手臂对他说："以后我想把妻儿托付给你照顾。"朱晖听了这句话，深感责任重大，不敢对答。张堪死后家里妻儿非常穷苦，朱晖亲自去看望，并且很大方地周济他们。朱晖的儿子朱撷问道："父亲以前不曾和张堪做朋友，为什么这样周济他们呢？"朱晖说："张堪曾经说过知己的话，我心里已经把他当作我的朋友了。"

孔子说，"居处恭，执事敬，与人忠"，朱晖算是忠信守义的典型了。而张堪愿意对朱晖说出托付妻儿的话，也是慧眼识人。"恭、敬、忠"这样的品行应当贯穿我们为人处世的整个过程，成为自我修养的一部分。

【原文呈现】 子曰："刚、毅、木①、讷②近仁。"

【难点注释】 ①木：憨厚朴实。②讷（nè）：说话迟钝。指说话谨慎，少言。

【大意试译】 先生说："刚强、果断、憨厚质朴、说话谨慎，做到这四点就近于仁了。"

【思维评析】 在上一条目中，孔子赋予仁的内涵是"恭、敬、忠"，在这一条目里面，又增添了"刚毅木讷"。"刚"是说我们为人要刚正不阿，宁折不弯，坚守自己的原则。这个"刚"更多地是指内心的刚强，当然，我们在与人相处的时候则需要更委婉一些，需要一些"柔"的东西，做到刚柔相济。"毅"指的是坚毅、果敢。不管是要克服困难，还是要追求理想，我们都要有毅力，要坚持不懈地去渡过难关，朝着自己的梦想进发。"讷"是指说话谨慎。我们平时说话不可以完全随心所欲，要根据场合、身份说合适的言论。比如，在公开场合说话就不能跟在家说话一样随意，对着卖菜的阿姨说话就不能文绉绉地"掉书袋"。同时，"木讷"也是要我们说话不要夸夸其谈，做事不要轻浮。

【故事解读】 吴京出身于北京一个武术世家，自小习武，1986 年获得全国武术比赛拳枪刀冠军。后来，吴京踏入影视圈，但发展并不顺畅，很长一段时间都没有经典的角色和作品。拍摄电影《杀破狼》时，男主角扮演者嘲笑他说："不是所有的武术冠军都适合当演员，不过武术冠军应该都适合当保安。"

对此，吴京并不发声置评。他选择的是自我修炼，并压上家产拍电影。终于，他通过《战狼》系列形成了个人独特的电影风格，并在战争类影片领域里取得了巨大成功。吴京在《战狼 2》

中的搏命演出没有白费，50 多亿元的票房惊艳了全世界。他的逆袭经历不仅具有正能量，而且还符合人们对于"奋斗"二字的所有想象。

面对嘲笑，吴京凭着自己的毅力和执着在影视之路上不断坚持和突破自我。虽讷于言辞，却有刚强毅力，这也算是吴京虽历经坎坷，却最终走向成功的原因吧。

【原文呈现】子曰："巧言令色①，鲜②矣仁。"

【难点注释】①巧言令色：以好话和做出来的和善面色来讨好别人。②鲜（xiǎn）：少。

【大意试译】先生说："花言巧语，伪装得和颜悦色，这样的人很少有仁德。"

【思维评析】"巧言"和"令色"都是表面上听起来和看起来很好的东西，然而本质上是与仁背离的。"仁"更多地强调内心的品质，在"仁"的范畴内，人内在的品行和外在的行为是统一的。好听却并非出自内心的花言巧语、看起来很亲切和悦却与内心背离的脸色，这些都是"虚假"的东西，都和"仁"所倡导的精神背离。"巧言令色"表面上的美和本质上的丑形成了人性的二元对立。

儒家崇尚质朴，反对花言巧语；主张说话应谨慎小心，说到做到，先做后说，反对说话办事随心所欲，只说不做，停留在口头上。当然，"巧言"更偏重于指并不真诚的花言巧语，并非完全指说话技巧。"鲜"表明巧言令色者出现"仁"的概率低，也增强了这句话的严密性。事实上，孔子的得意门生子贡便是口才了得的外交家，同时也是孔子"仁"理念的忠实践行者。

【故事解读】"90 后"CEO 余某某凭借某 APP 及他的"个人魅力"一夜红遍网络。他曾许诺"拿一亿元给员工分红"，宣称一些资本大鳄抢着给他投资，说"拿了阿里千万美元融资"。然

而实际上，最初开发这个 APP 的并不是余某某，他也没有拿到千万美元，只得到了几百万元的投资；他的 APP 也没那么火爆，员工薪资就五千元左右，更别说亿元分红了。最近他的公司因运营不善而倒闭，余某某本人在微博上道歉："一切皆因我的年少无知。创业不易，炒作可耻！希望得到大家的原谅。"

余某某的炒作套路算是现代版的巧言令色。言巧而不实，表面上事业做得红红火火，实际上漏洞百出，他虽然趁着资本的大潮吸引了大众的眼球，但最终落得公司倒闭的结局。这启迪我们要警惕那些花言巧语和做表面功夫的人，那样的人是难有仁德的。

【原文呈现】 子张问仁于孔子。孔子曰："能行五者于天下，为仁矣。""请问之?"曰："恭、宽、信、敏、惠。恭则不侮，宽则得众，信则人任焉，敏则有功，惠则足以使人。"

【大意试译】 子张问先生什么是仁。先生说："能在天下施行这五项品德，就是仁了。"子张说："请问是什么?"先生说："庄重、宽厚、诚实、勤敏、慈惠。庄重恭敬就不会被侮辱，宽厚就会得人心，诚实守信就能得到别人的任用，勤敏就会取得成功，慈惠就能更好地役使别人。"

【思维评析】 孔子在这里对"仁"提出了五项具体要求，认为能够做到恭、宽、信、敏、惠五者的人，就可以称为仁者了。恭，就是平时待人接物要谦逊，对待事情要庄重认真。一个谦恭努力、尊重别人、做事认真踏实的人是不会招致他人侮辱的。宽，讲的是对待他人要宽容，不要吹毛求疵、求全责备。从为人处世的角度来讲，宽容的人更容易交朋友；从为政的角度来讲，宽容的领导更容易得到下级的爱戴，宽容的君主也更容易得到百姓的拥护。信，就是讲信用，做事诚实，言出必行。一个诚实的人更容易得到别人的信任，别人也更放心将重任交给他；一个诚

信的君主也更容易取信于民。敏，讲的是做事要勤快敏捷，这样办事效率高，不会坐失良机，易于取得成功。惠，这是讲对人要慈悲为怀，作为统治者应有仁爱之心，爱护老百姓。

【故事解读】杨绛先生 2001 年时将家里的 72 万元财产捐献出来，在清华大学设立了一个奖学金，叫"好读书"奖学金。捐献仪式上让她发言，她说："我个子小，我站着说吧。"杨绛先生说她是代表她自己、已经去世的钱锺书和他们的女儿钱瑗向母校捐赠的。她说："设立'好读书'奖学金是我们一家三个人的意愿。1995 年钱锺书病重时，我和钱瑗到钱锺书的病榻前，商量决定捐助一个奖学金，这个奖学金就叫'好读书'奖学金，不用我们个人的名字。"杨绛讲道："谢谢清华大学成全了我们三个人的心愿。"

现在有的慈善家敲锣打鼓给人送善款，希望别人感恩戴德，可杨绛先生捐出财产之后还要鞠躬谢谢大家接受她的捐款，这是对生命的"恭敬"；落实自己和已故丈夫、女儿的意愿，这是对生命的"忠诚"；捐款激励更多学子认真读书，这是对生命的"慈惠"。这样柔软的生命，有着感人的力量！

【原文呈现】颜渊问仁。子曰："克①己复②礼为仁。一日克己复礼，天下归仁焉。为仁由己，而由人乎哉？"颜渊曰："请问其目。"子曰："非礼勿视，非礼勿听，非礼勿言，非礼勿动。"颜渊曰："回虽不敏，请事斯语矣。"

【难点注释】①克：克制。②复：实践，践行。

【大意试译】颜渊问什么是仁。先生说："克制自己，实践礼仪就是仁。一旦做到了这一点，天下的人都会称许你是仁人了。实践仁德全靠自己，能由得了别人吗？"颜渊说："请问一下施行仁德的条目是什么？"先生说："不符合礼的事情不看，不符合礼的事情不听，不符合礼的事情不说，不符合礼的事情不做。"

颜渊说："我虽然不聪敏，也要实践您这番话。"

【思维评析】"克"字，在古代汉语中有"克制"的意思，也有"战胜"的意思。所以宋代学者朱熹认为"克己复礼，间不容发，无私便是仁"。战胜自己的私欲而复归于天理，自然就达到了仁的境界。朱熹的要求是极高的，对于我们来说，孔子的"克己"应该更多地在自律层面。孔子曾经说"七十而从心所欲，不逾矩"，从心所欲和不逾矩本来是相互对立的，如何才能既随心所欲，却又不逾矩呢？调和二者的关键便在于"克己"，唯有自我克制，做到高度自律，才会获得真正的内心自由。自律自省，遵循礼仪规范，便有了"恭、敬"的品格，自然也就接近于"仁"了。

【故事解读】京剧大师梅兰芳不仅在京剧艺术上有很深的造诣，而且还是丹青妙手。他拜名画家齐白石为师，总是执弟子之礼，经常为白石老人磨墨铺纸，全不因为自己是名演员而自傲。

有一次齐白石和梅兰芳同到一户人家做客，白石老人先到，他布衣布鞋，其他宾朋皆社会名流，或西装革履，或长袍马褂，衣着寒酸的白石老人并不引人注意。不久，梅兰芳到了，主人高兴地迎出来，其余宾客也都蜂拥而上，一一同他握手。梅兰芳知道齐白石也来赴宴了，就环顾四周寻找老师。忽然，他看到了一旁的白石老人，让开别人一只只伸过来的手，来到白石老人面前恭恭敬敬地叫了一声"老师"，向他致意问安。在座的人见状很惊讶，齐白石也深受感动。

梅兰芳自身也是一代宗师，受人尊崇，却对齐白石如此尊敬，不管在什么场合下，都以师礼相待，克己复礼，遵循礼仪规范，实在是让人钦佩。

【原文呈现】子贡曰："如有博施①于民而能济②众，何如？可谓仁乎？"子曰："何事于仁，必也圣乎？尧、舜③其犹病④诸！

夫仁者，己欲立而立人，己欲达而达人。能近取譬⑤，可谓仁之方也已。"

【难点注释】 ①博施：广泛施与恩惠。②济：救济，救助。③尧、舜：传说上古两位贤明的帝王。④病：有所不足。⑤譬：打比方。这里指拿自己打比方，推己及人。

【大意试译】 子贡说："如果有人能广泛地给民众施与恩惠，救济百姓的生活，这人怎么样呢？可以说是仁人吗？"先生说："何止是仁人，一定是圣人了！尧、舜做到这样尚且感到力量不足！作为仁人，自己想立身，也要使别人立身，自己想通达，也要使别人通达。能拿自己打比方，推己及人，可以说是做到仁的方法了。"

【思维评析】 "己欲立而立人，己欲达而达人"，这句话在"己所不欲，勿施于人"的基础上又往前走了一步。"己所不欲，勿施于人"说的是自己不想要的，也别施加在别人身上。这种说法有些许消极的意味，而前者则更加积极主动，不仅要体谅别人，不去施加不好的东西，而且还要积极努力地去帮助别人。自身能力有限的话可以帮助一两个人，自身能力足够的时候，这个"立人、达人"的对象就可以延展成为整个国家的人，甚至于世界上的所有人。在这一点上，儒家的"博爱"和"兼济天下"的思想就推演出来了。所以后面张载有著名的"横渠四句"："为天地立心，为生民立命，为往圣继绝学，为万世开太平。"也因此，孔子对"博施于民而能济众"的人给予了高度评价，认为已经超越了"仁"的范畴，达到了更高的"圣人"境界。

【故事解读】 有个登山者，途中因遇到暴风雪而迷路了。由于御寒装备不足，如果不尽快找到避寒处，他一定会被冻死。他不停地走，抬着越来越沉重的双腿，绝望的时候，他发现了路上有一个已经快冻僵了的人，不能动弹。登山者很矛盾：是继续赶路走出去，还是想法救这个生命垂危的陌路人？他想到，倘若冻

僵的人是自己，是多么渴望有人搭救啊！他决心先救人。他跪下来按摩那个垂危者的双手双腿。没过多久，那人的血脉就流通了，而登山者在助人的过程中也不期然地暖透了自己的双手乃至身心。最后，这两个人互相搀扶着，终于走出了风雪肆虐的大山。

倘若登山者放弃营救那个冻僵的人，有可能自己也将会冻死在暴风雪中，而正因为他去救援那个垂危者，才让自己重获了温暖。孔子说，"己欲立而立人，己欲达而达人"，当你用爱护自己的心来爱护别人的时候，往往有意想不到的好处。

【原文呈现】子曰："不仁者，不可以久处约①，不可以长处乐②。仁者安仁，知③者利仁。"

【难点注释】①约：穷困，俭约。②乐：富裕，安乐。③知：同"智"。

【大意试译】先生说："没有仁德的人不能长久地过俭约的生活，也不能长久地过富足安乐的生活。有仁德的人能安心于行仁德，有智慧的人能明白仁德的好处并修炼仁德。"

【思维评析】在这一条目中，孔子似乎把"仁者"处于俭约和安乐生活作为标准，而"不仁者"则不遵从。"仁者"的心淡泊平静，没有太多贪欲，物质的极大奢华不是仁德者的理想，因此他能够安于俭约的生活，也因为内心平静，自律自省，所以不容易被外界的欲望扰乱，能够长期拥有安乐的心态。而"不仁者"欲望太多，在俭约中不免谋求富贵，在安乐中不免寻求刺激。在求与求不得之中，心态起落，便可能偏离"仁"的本心了。不过"不仁者"一定不能安于俭约与安乐，"仁者"也不一定必然只安于俭约与安乐中。其实，拼搏奋进，努力创新，又坚守道德与本心的人也可以是"仁者"。

【故事解读】十年前，退休的外交官夫妇朱敏才、孙丽娜背上简单的行囊，来到贵州偏远山区尖山苗寨义务支教。寨里有二百多个孩子，在他们来之前，这儿只有一名代课老师。

那里条件之艰苦超出了他们的预料，他们的卧室跟男厕所相连，臭气熏天，睡觉也要戴着两层口罩。高原强烈的紫外线让孙丽娜的右眼失明，左眼视力只剩下 0.03；山区湿冷的气候又让多病的朱敏才患上了风湿病。为省下钱购买教学器材和学习用品，夫妇俩有病硬扛着，贴身衣服大窟窿连着小窟窿，缝缝补补接着穿。十年来，夫妇俩走了上万公里，支教了五所乡村小学，募集三百五十多万元建起了电脑教室和学生食堂，偏远的山寨因为他们的出现而拥有了希望。

朱敏才夫妇奉献自己，自律自省，追求内心的充实，以改变山区教育面貌为乐，这就是仁德的人吧；以自己的仁德感召他人，为山区教育筹集资金，这就是智慧的人吧。

【原文呈现】子曰："富与贵，是①人之所欲也，不以其道，得之不处②也。贫与贱，是人之恶也，不以其道，得之不去③也。君子去仁，恶④者成名？君子无终食之间⑤违⑥仁。造次⑦必于是，颠沛⑧必于是。"

【难点注释】①是：代词，这。②处：接受，享受。③去：摆脱，避开。④恶：同"乌"，相当于"何"，如何，怎样。⑤终食之间：吃一顿饭的工夫。⑥违：违背。⑦造次：仓促，匆忙。⑧颠沛：原指跌倒，引申为受挫，困顿流离。

【大意试译】先生说："发财和升官，这是人们所盼望的，若不是用正当方法得到的，君子不会接受。贫穷和卑贱，这是人们所厌恶的，若不是用正当的方法摆脱，君子就不会那么做。君子抛弃了仁德，怎么能成就他的名声呢？君子即使吃一顿饭的工夫也不能违背仁德，匆忙仓促时也一定按仁德行事，颠沛流离也一定按仁德做事。"

【思维评析】"仁"与"富贵"并不是对立和矛盾的，只不过在两者之间需要一个把关者，这就是"道"。符合道义的，不管是贫贱还是富贵都可以恬然处之，不符合道义的富贵则不应去接受。所以仁者可以坚守清贫，也可以安享富贵。而不仁之人则不会选择经过"道"的过滤，任凭欲望滋长，就可能会造成糟糕局面。所以孔子也说"不仁者，不可以久处约，不可以长处乐"，就是这个道理。

【故事解读】2016年5月10日，青岛民警王建利加班到晚上11点多，驾车回家时，发现路边有一个黑色的男士肩包，打开一看，里面有整整十万元人民币。王建利按照包里名片上的电话打过去，电话却无人接听。第二天，王建利再次拨打电话，两个小时后，失主辛先生匆忙赶到派出所，顺利拿到了遗失的肩包。原来，5月10日下午，单位领导安排辛先生去收取工程款项，收款工作出乎意料地顺利，于是辛先生和朋友庆祝，大醉而归。第二天酒醒起床，才发现包掉了。"我的头当时就炸了！这可是十万块，如果找不到的话，我只能自己把这个大窟窿堵上了。"为表感谢，辛先生来到王建利工作的派出所，把一面写有"拾金不昧"的锦旗送到民警王建利手中。

孔子说，不用正当方法得来的钱财，君子不取。王建利身为警察，路见遗财寻失主，这是尽职尽责；见利却不忘义，按仁德行事，应当算是君子了。

【原文呈现】子曰："唯仁者能好①人，能恶②人。"

【难点注释】①好（hào）：动词，喜欢，喜爱。②恶（wù）：厌恶，讨厌。

【大意试译】先生说："只有有仁德的人才能够以正确的方式喜爱某人，厌恶某人。"

【思维评析】"喜爱"和"厌恶"相对立而存在，两者往往取决于人的内心，带有很大的主观性和随意性。正因如此，所以人们有可能会因一时的感觉而错判一个人，也可能会因为喜爱和厌恶而对人产生偏见。我们作为普通人，怎样才能尽量避免产生这样的情况呢？孔子给我们提供了一个方案，那就是成为"仁者"。我们要尽量让自己成为"仁德"的人，用"仁"来对别人进行评判，就算是喜欢一个人也不要对其有道义上的偏私，就算厌恶一个人也不要落井下石，栽赃陷害。

当我们自己拥有了"仁"的品行，就更容易去正确地对待他人。

【故事解读】北宋时司马光和王安石，一个是保守派，一个是改革派，两人彼此都认为对方的执政方针荒谬。斗争的结果是王安石获胜，司马光被赶下宰相宝座。王安石大权在握，皇帝询问他对司马光的看法，王安石称司马光为"国之栋梁"，对他的人品、能力、文学造诣等都大加赞赏。司马光得以从容地"退江湖之远"。后来王安石因为变法触动了皇亲贵胄的利益，也招致地方官的强烈不满，皇帝将他免职，重新任命司马光为宰相。因为听信谗言，皇帝要治王安石的罪，然而司马光恳切地告诉皇帝，王安石忠心耿耿，胸怀坦荡，有古君子之风。皇帝听完司马光对王安石的评价，说了一句话："卿等皆君子也！"

王安石和司马光不因为政见不同而相互嫉恨，却胸怀坦荡，相互欣赏。这便是孔子说的以正确的方式喜爱人和厌恶人吧。他们虽然政见不同，却依旧欣赏对方的人品和才华，确实是君子。

【原文呈现】子曰："苟①志②于仁矣，无恶③也。"

【难点注释】①苟：假如，如果。②志：立志，有志于。③恶（è）：做坏事。

【大意试译】先生说："假如立志于实行仁德，就不会做坏事。"

【思维评析】"仁"者有爱人之心，有"推己及人"之心，能够体谅别人，这样的人，是不容易去做坏事的。在前几则中，孔子说，"不仁"的人不能长久地过俭约的生活，也不能长久地过富足安乐的生活。原因就在于"不仁"的人欲望过多却不用"道义"来约束，容易通过破坏公德、损害别人利益的方式来获取自身的利益。

【故事解读】27岁的李春燕是贵州从江县大塘村苗族村寨唯一的乡村医生。

以前村里人得病了，要么拖着，要么用"土办法"自己治疗。后来大家逐渐习惯了生病去李春燕那儿打针吃药。乡亲们没有钱付药费，只能记账。李春燕不忍心催账，只好卖掉家中唯一的耕牛，又把丈夫打工多年的五千多元积蓄全部补贴进去，还欠卫生院七千多元。李春燕决定关掉卫生室，和丈夫外出打工。村民们闻讯赶来，掏出皱巴巴的一元、两元钱递给李春燕："李医生你走了，我们病了怎么办？""这是我们还你的账，不够的我们就是卖米也一定给补上。"李春燕放弃了已在广东联系好的工作，留了下来。

李春燕原本可以高价行医，也可以写明"概不赊欠"，然而她有着一颗仁者之心，不愿意为了自身利益而冷漠无情，不仅不作恶，而且尽一己之力行善，可以说是仁德的人了。

【原文呈现】子曰："知者乐水①，仁者乐山②。知者动，仁者静。知者乐，仁者寿。"

【难点注释】①智者乐（yào）水：水流动而不板滞，与智者相似。知，同"智"。②仁者乐山：山巍巍屹立，厚重不迁，与仁者相似。

【大意试译】先生说："有智慧的人爱水，有仁德的人爱山；有智慧的人好动进取，有仁德的人沉静寡欲；有智慧的人成功常乐，有仁德的人恬淡长寿。"

【思维评析】这是一组动与静的美妙修辞。山与水的美妙之处被孔子用来比喻不同的人。山水对照，智者与仁者对照，这就形成了非常有意思的对比。智者之乐，是动的，就像流水一样，阅尽世间万物、悠然、淡泊。仁者之乐，是静的，就像大山一样，岿然矗立、崇高、安宁。智者也就是聪明人，聪明人通达事理，反应敏捷而又思想活跃，性情好动，就像水不停地流一样，所以用水来进行比拟。仁者也就是仁厚的人，仁厚的人安于义理，仁慈宽容而不易冲动，性情好静，就像山一样稳重不迁，所以用山来进行比拟。以山水形容仁者智者，形象生动而又深刻。

【故事解读】九十六岁的季羡林先生长年任教于北京大学，在语言学、文化学、佛教学等多方面都有很深的造诣，研究翻译了梵文著作和德、英等国的多部经典，他的著作汇编成二十四卷的《季羡林文集》。

他在"文化大革命"期间偷偷地翻译印度史诗《罗摩衍那》，又完成了《牛棚杂忆》一书，凝结了很多对人性的思考。他的书，不仅是其一生的写照，也是近百年来中国知识分子心路历程的反映。2006 年，"感动中国"给了他这样的颁奖词："智者乐，仁者寿，长者随心所欲。曾经的红衣少年，如今的白发先生，留得十年寒窗苦，牛棚杂忆密辛多。心有良知璞玉，笔下道德文章。一介布衣，言有物，行有格，贫贱不移，宠辱不惊。"

季羡林先生曾说：即使在最困难的时候，也没有丢掉自己的良知。季先生用其一生经历与成就告诉我们，阅览世间万物，达事明理，才有智者之乐；洞悉人性善恶，稳重不迁，才有仁者之心。

【原文呈现】子曰："仁，远乎哉？我欲仁，斯仁至矣。"

【大意试译】先生说："仁距离我远吗？我想做到仁，仁就到来了。"

【思维评析】"仁"距离我们有多远呢？可能很远，也可能很近。仁德之心是我们每个人自出生起原本就有的，只是被蒙昧遮盖，或暂时被功利迷惑。我们不要把"仁"当成是一个特别遥远而不可触及的东西，也不要觉得"仁"是一个庞大而艰难的工程。其实，只要我们内心真正立志于求仁，那么，每个人都有可能达到仁的境界。况且，"譬如平地，虽覆一篑，进，吾往矣"。只要我们自己心中有"仁"，朝着"仁"的方向努力，自己做的每一件事情，走的每一步路，都是有意义、有价值的。这正是孔子思维的辩证之处，他既给"仁"赋予了丰富的内涵和很高的标准，同时又告诉人们，"仁"其实就在身边，我们有非常多的方式和途径去到达"仁"的境界。

【故事解读】佛家有"放下屠刀，立地成佛"的故事：

舍卫国的无恼，身材魁梧，力大无穷，勇猛好斗，从师一婆罗门。有一天，师父告诉他如果午时之前能杀够一百人，取下每人一根指头，把百只指头穿成指鬘（环状装饰物），戴上就能升天成神。无恼被蛊惑，逢人便杀，国内之人奔走躲藏。释迦牟尼知道后，急忙赶去解难。已近中午，无恼清点手指，有九十九枚，但此时路上空无一人，无恼恐错过时间，心中焦躁，恰逢母亲已做好午饭，出来找他。无恼心智模糊，欲杀掉母亲凑足指数。释迦牟尼赶到，挡在前面，教化他道："汝从邪师，伤生害命，岂能妄想成道？"无恼醒悟过来，丢下屠刀，五体投地，随佛出家。

这个故事与儒家"我欲仁，斯仁至矣"的说法非常相似，都是劝勉世人向善。面对纷繁的大千世界，只要我们不被蒙昧遮盖，不被功利迷惑，或许仁德之心距离我们就不遥远了。

【原文呈现】子曰："志士仁人，无求生以害仁，有杀身以成仁。"

【大意试译】先生说："有志向有仁德的人，不贪生怕死而损害仁德，却为成就仁德而献出生命。"

【思维评析】这一则讲的是"生命"与"仁"的关系。是生命的价值更高呢？还是"仁"的价值更高？孔子选择了后者。孔子的生死观是以"仁"为最高准则的。个人的寿命不过数十年，而"仁"是一种超脱于个人短暂生命的更高价值，这也就让"仁"的概念拥有了穿透时间的生命力，成了几千年来广大仁人志士不变的信念。自古以来，"仁"的信念激励着多少仁人志士为国家和民族的生死存亡而抛头颅洒热血，谱写了一首首可歌可泣的壮丽诗篇。

【故事解读】他叫王伟，中国海军航空兵飞行员，牺牲于2001年，时年33岁。

2001年4月1日，美国一架海军EP-3侦察机在中国海南岛东南海域上空活动。8时36分，王伟奉命驾驶歼-8II战斗机紧急起飞，对非法进入我国领空的美军飞机的侦察活动进行跟踪监视。

从事后的照片里我们看到王伟所驾驶的81194战机高昂着机头，与美国的侦察机保持平飞，这种姿态表明作为二代战机的歼八已经突破了其极限。但王伟的想法很简单：就是死也不让这架美国的侦察机飞进来。后来由于美侦察机在飞行中突然大转向，撞毁中国战机，王伟跳伞后落海失踪，化作了守护祖国海空的忠魂。

王伟烈士面对步步紧逼的强敌展现出的不屈、冷静，维护国家利益而不怕牺牲的壮举，是我们这个民族一个血性男儿的绝唱！王伟们为国家和民族的生死存亡而抛头颅洒热血，让个人短暂生命凸显了更高价值，是大写的"仁"者！

【原文呈现】子贡问为仁。子曰："工欲善其事，必先利其

器。居是邦也，事其大夫之贤者，友其士之仁者。"

【大意试译】子贡问怎样去施行仁。先生说："工匠要把活儿干好，必须先把工具做精良了。住在这个国家，就要敬奉那些大官中的贤人，结交那些士人中的仁人。"

【思维评析】孔子是一个很擅长形象化讲道理的老师，工匠做工与思想品德的修养从表面上看来是风马牛不相及的事，但实质上却有相通的道理。工匠在做工前打磨好工具，操作起来就能得心应手，达到事半功倍的效果。思想品德修养也是一样，选择同品德高尚的人交往，与他们做朋友，受他们的影响与熏陶，潜移默化，自己的思想境界和道德修养就会在无形中得到提升。

【故事解读】美国知名企业家比尔·拉福，中学毕业时就立志做一名成功的商人。后来他考入麻省理工学院，但不是去学贸易，而是选择了机械专业。大学毕业后，他也没有马上投入商海，而是去攻读芝加哥大学经济学硕士学位。出人意料的是获得硕士学位后他考了公务员，去政府部门工作。他深知官场容易培养自己机敏老练和临危不惧的品格，有益于经商。在政府部门工作了五年后，他辞职下海经商，业绩斐然，又过了两年他开办了拉福商贸公司。二十年后，拉福公司资产从最初的二十万美元发展到两亿美元。他终于成了美国大名鼎鼎的企业家。

比尔立志后并不急于求成，而是先"利其器"，在专业知识、交际能力、人脉资源等方面做好准备，最终"善其事"，达到了自己的目标。思想品德修养也是一样，与品德高尚的人交往，自己的思想境界和道德修养就会在无形中得到提升。

【原文呈现】子曰："当仁不让于师。"

【大意试译】先生说："面临着仁德，要率先向前，就是老师也不和他谦让。"

【思维评析】在之前的内容中，孔子对"仁"与富贵、生命

进行了比较，并认为"仁"的地位是高于二者的。在这一部分内容里，"仁"的地位是高于老师的。孔子和儒家特别重视师生关系的和谐，强调师道尊严，学生不可违背老师。但是，在仁德面前，即使是老师，也不谦让。这是把实现仁德摆在了第一位，"仁"是衡量一切是非善恶的最高准则。

【故事解读】亚里士多德从十七岁起就跟随老师柏拉图学习，时间长达二十年之久。柏拉图既是他非常崇敬的恩师，也是他难得的挚友，正所谓"良师益友"。他曾作诗这样赞美过柏拉图："在众人之中，他也是唯一的，也是最初的。……这样的人啊，如今已无处寻觅！"然而，在探究真理的道路上，亚里士多德却不畏权威、不畏传统，毫不掩饰他在哲学思想的内容和方法上与老师存在的分歧，毫不留情地批评老师的错误。这引来一些人的指责：亚氏是背叛自己恩师的忘恩负义之徒！亚里士多德回敬了他们一句响彻历史长河的名言："吾爱吾师，吾更爱真理！"

在东方智慧里，倘若可以实践仁道，则不让于师；在西方智慧里，倘若可以获得真理，亦不让于师。亚里士多德心中真理重于师道尊严。我们认为"仁德"高于地位、权贵，人类对真理的追寻都是一致的。

【原文呈现】子夏曰："博学而笃志，切问①而近思，仁在其中矣。"

【难点注释】①切问：恳切地发问。

【大意试译】子夏说："学习广博的知识，坚守志向，恳切地发问求教，多考虑当前的事情，仁就在其中了。"

【思维评析】这里提到了实现"仁"的方法：一方面是博学，博学乃能致远；一方面是切问，切问需要近思。拥有广博的知识和开阔的眼界，同时脚踏实地关心身边之事，从最贴近的地方获取实践经验，在这远和近的统合之下，加上坚定的志向，便能够

触摸到"仁"的真谛了。

【故事解读】东汉王充，因家贫无钱买书，就每天在洛阳书店里站着读书，把《汉书·艺文志》上所列的各类书都通读了，"遂博通百家之言"，成为著名哲学家、思想家，代表作《论衡》对后世影响巨大。

清代曹雪芹，既是著名的小说家，也是一位有成就的诗人、出色的画家，人们称赞他"诗笔有奇气"。《红楼梦》中涉及的知识包括医学、心理学、音乐、诗词、地理、建筑、服饰、园林艺术、风俗、烹调等，可见曹雪芹非凡的才气和渊博的知识。

王充苦学而慎思，形成了自己的思想体系；曹雪芹"删改数十载"写就《红楼梦》，使之成为后世经典。博学和笃志，这都是他们实现人生理想不可缺少的要素。《论语》中说，学习广博的知识，并且坚守志向，就能够达到"仁"的境地。其实，人要实现目标和理想，也需要博学笃志。

【思考与探究】

1. "仁"包含哪些品质？哪些品质不属于"仁"？"巧言"的人一定没有仁德吗？

2. 孔子说，"当仁不让于师"，亚里士多德说，"吾爱我师，吾更爱真理"，那么，当"仁"与"真理"冲突时，应该怎么办？

【练习与活动】

1. 请谈谈如何具体实践孔子所说的"己所不欲，勿施于人"这句话。

2. 孔子认为，"博施于民而能济众"，"必也圣乎"，请你结合现实生活谈谈怎样去做一件力所能及的慈善之事，让我们离"仁"更近一步。

第十四课　礼

　　我们在生活中经常接触到"礼"，送礼物，讲礼貌，面向国旗要敬礼……"礼"，在我们生活的方方面面。然而，《论语》中的"礼"又是什么呢？我们有非常多表现"礼"的形式，可是"礼"的本质是什么？"礼"又有什么作用呢？如果你送给朋友一个不那么贵重的礼物，你是不是就失礼了呢？读完本课之后，相信你会对"礼"有全新的、深刻的认知。

　　【原文呈现】子曰："礼云礼云，玉帛①云乎哉！乐云乐云，钟鼓②云乎哉！"

　　【难点注释】①玉帛：古代举行礼仪时会使用玉器、丝帛等礼器。②钟鼓：古代的乐器。这里指如果只是看到玉帛钟鼓这些形式上的东西，而不注重礼乐的内容是没有意义的。

　　【大意试译】先生说："礼呀礼呀，难道说的仅仅是玉帛吗？乐啊乐啊，难道说的仅仅是钟鼓吗？"

　　【思维评析】玉帛是行礼时用到的具体物件，钟鼓是表现乐的器具，这些都是礼和乐的外在形式。然而当我们提到礼乐的时候，所注重的并非其外在形式，玉帛贵重与否、钟鼓精致与否并非最重要的东西，我们注重的是礼乐所传达的内在本质。如今，我们提倡学习传统文化，就是要学其中有益的东西，如果只是跟风，去盲目加入"国学班""女德班"，就失去意义了。

【**故事解读**】1991 年国家提出申办 2000 年北京奥运会，得到了全国人民的大力支持。北京奥申委征集到两千多件北京奥申委会徽设计稿和三万余条申奥口号，各地群众通过签名、旅行等方式表达对北京申办奥运会的支持。

中国政府和人民为什么对举办奥运会这件事如此支持？难道仅仅是因为人民热爱体育赛事？20 世纪 90 年代，随着改革开放的进一步深入和社会经济的持续发展，中国社会稳定、经济繁荣，综合国力大大增强。经历了一百年屈辱历史的中国，急需向世界展示自己的大国形象和实力，同时树立北京文明、开放、发展的现代化国际大都市的形象，促进城市发展，也改变世界对中国的看法。

【**原文呈现**】林放①问礼之本。子曰："大哉问！礼，与其奢也宁俭。丧，与其易②也宁戚③。"

【**难点注释**】①林放：姓林，名放，字子上。有人认为是孔子的学生。②易：本义指把土地整理平坦。此处指周到地办理丧葬的礼仪。③戚：悲哀。

【**大意试译**】林放问什么是礼的根本。先生说："你提的问题意义重大啊！礼节仪式与其奢侈，宁可节俭；丧葬仪式，与其仪式完备周到，宁可在心里真正悲哀来悼念。"

【**思维评析**】这一条目涉及礼的本质，在孔子的观念中，礼节仪式只是表达礼的一种形式，但本质不在形式而在内心，用一个字概括就是"敬"。所以，孔子才会认为，礼节形式并不需要过于奢侈烦琐，丧葬仪式也不一定要过度注重完备周到，最为重要的是内心是否真正恭敬或者哀伤。《礼记》开篇即说："毋不敬。"敬"是一种从内心出发的情感，在外表现为礼仪制度，前者为实质，后者为形式。二者关系与"文、质"关系类似。孔子虽然强调"礼"，但是他的最终目的是通过礼的形式来提高人们道德精神水平。这一点，在孔子阐释"孝"的时候也有多处体现。

【故事解读】唐太宗时，云南有个少数民族的首领派遣特使缅伯高把当地特有的天鹅贡献给太宗。走到沔阳河时，缅伯高想到天鹅羽毛染了尘土，就放出来给它洗澡。天鹅拍着翅膀飞向高空，缅伯高去捉时只扯下几根天鹅毛。缅伯高急得号啕大哭，随从劝道："现在哭也没有用，我们想想补救的方法吧。"缅伯高和随从们商量后想出了一个办法。

来到长安，缅伯高献上一个精致的绸缎小包。唐太宗打开一看是几根天鹅毛，绸缎上写着小诗："天鹅贡唐朝，山高路途遥。沔阳河失宝，倒地哭号啕。上复圣天子，可饶缅伯高。礼轻情意重，千里送鹅毛。"接着，缅伯高把经过讲了。唐太宗连声说："真是难能可贵啊！千里送鹅毛，礼轻情意重！"

缅伯高"千里送鹅毛"已经从内心传递了对唐王朝的尊崇，礼的本质并不是所赠送物品的贵重与否，而是在于其心意，所以孔子才说，"礼，与其奢也，宁俭"。

【原文呈现】子游曰："丧，致乎哀而止。"

【大意试译】子游说："丧礼只要表现遇丧者的悲哀就可以了。"

【思维评析】子游很好地继承了孔子的思想。礼之根本，在于心。

【故事解读】新中国成立前，中共中央领导就决定简化丧葬仪式，大力推行火葬，一百五十一位主要领导都在火葬倡议书上签字，同意死后采用火葬。

2014 年 4 月，北京市出台《关于党员干部带头推动殡葬改革的贯彻落实意见》，其中明确要求单人或双人骨灰墓穴占地面积不得超过一平方米。同期，云南进行殡葬改革，明确要求干部墓穴不超一平方米。网友对此议论纷纷，如果干部们死后依旧可以保持清廉，无疑是一项德政。

殡葬改革除了倡导火葬之外，还提倡节俭办丧事，目的是减少看风水、选坟地、搭灵棚、摆路祭、出大殡、打幡摔盆、烧香化纸、收送挽幛等迷信和铺张浪费现象，大力提倡文明、俭朴、节约办丧事的殡葬礼俗。淡化铺张浪费的奢靡之风。其实，"丧，致乎哀而止"，在丧礼中，只要能表达人们的哀情和对死者的尊重即可，铺张浪费实在是没有必要。

【原文呈现】子曰："人而不仁如礼何①！人而不仁如乐②何！"

【难点注释】①如礼何：是"如……何"句式，指对礼怎么样。②乐：音乐是构成古代礼制的重要部分，所以"礼乐制度"指的是包括音乐在内的古代礼仪制度，并非今天我们说的单纯用来欣赏的音乐。

【大意试译】先生说："作为一个人不讲仁德，怎么对待礼仪制度呢？一个人不讲仁德，怎么对待乐呢？"

【思维评析】所谓礼乐，只不过是外在的形式，礼乐通过外显的规定让人遵循制度和仪式，最终目标其实还是达到"仁"的境界。只有当一个人心中有"仁"的时候，内心的真挚和恭敬才能够真正和外在的礼乐形式相契合。倘若一个人背离了"仁"，那么就算是他将礼乐制度设置得再周全，再繁琐华美，也是没有意义的。而一个不讲仁德的人，也更可能会根本不遵从礼乐制度，骄奢淫逸，不受约束。对孔子来说，礼乐的真正意义就是正人心、塑造更加完美的人性。失去了"仁"这个内在核心，再周全的礼乐仪式和制度也只是一个空壳而已。

【故事解读】北京大学教授钱理群先生曾讲到一个他身边发生的真实案例。他说他在北京大学给学生上课时，遇到一位学生表现特别抢眼，踊跃跟他互动，每次课总是提前来，坐在教室的前排，提问的时候会积极举手，跟他笑脸以对，下课了还会主动来和他问问题、唠唠家常，说非常喜欢他的课，钱理群说他也很喜欢这个学生。后来，这个学生求他帮忙写个国外留学的推荐信，钱理群先生想都没想，第一时间就帮忙写了。可写完以后，那个学生便再也不见了踪影。钱理群教授这才发现：这个学生认真表现，跟他热情不断，其实都只是为了那一纸推荐信而已。"他的微笑，他的说话，你没办法不信任他，但他是有目的的，一旦达到，就离开了。这很可怕。"钱理群先生最后不禁这样感慨道。

孔子主张以德治国，以德立身，其实现方式便是礼乐，礼乐的根本就是在帮助一个人澄明他的德性，还原他天性里那纯善的部分。

【原文呈现】子贡欲去告朔①之饩②羊。子曰："赐也！尔③爱④其羊，我爱其礼。"

【难点注释】①告朔（shuò）：朔，阴历每月的初一。诸侯每月初一应杀一只活羊在祖庙祭祀，并到朝听政，表示每个月的开始。到子贡时，月初一鲁君不再去祖庙，也不听政，只是杀一只活羊表示一下罢了，所以子贡认为连这个形式也不用留了，不必杀羊了。孔子却依然重视礼仪的形式，认为有形式毕竟比没有好。②饩（xì）：活的牲畜。③尔：代词，你。④爱：可惜。

【大意试译】子贡想不用鲁国每月初一告祭时用的活羊。先生说："赐呀！你可惜那只羊，我却爱惜那种礼。"

【思维评析】从前几个条目的内容可知，在孔子心中，礼的

185

内在实质是重于外在形式的，但是在这里，礼的内容已经不存，鲁君已经失去了对天子的敬畏，为什么孔子还要坚持保留礼的形式呢？辩证法认为，形式是内容的存在方式，形式可以作用于内容，影响内容。所以有时候为了加深人们对一件事情的认可和了解，必须用某些特定的物质形式加以辅助。鲁君的敬畏虽不存，但是保留告朔的仪式，还是能够对于礼本身产生促进作用。

【故事解读】曾子是孔子的弟子，有一次孔子闲坐休息，他在旁边陪坐着，师徒二人聊着聊着，孔子就问他："以前的圣贤之王德行至高无上，有精要奥妙的理论，用来教导天下之人，人们就能和睦相处，君王和臣下之间也没有不满，你知道它们是什么吗？"曾子一听孔子说这么郑重的话题，知道是老师要给他指点、分析最深刻的道理，立刻从坐着的席子上站起来，走到席子外面，恭恭敬敬地弯着腰回答道："学生不够聪明，哪里能知道，还请老师把这些道理教给我。"

在这里，"避席"其实就是一种礼仪形式，当曾子听到老师要向他传授时，他站起身来，走到席子外向老师请教，是为了表示他对老师的尊重。有时候，外在的礼仪的形式能够传达内心的敬重，这便是儒家倡导"礼"的原因吧。不过，我们也要知道，只重形式而忽视本质内容，就是华而不实，虚有其表。

【原文呈现】有子曰："礼之用，和①为贵。先王②之道，斯为美，小大由之。有所不行。知和而和，不以礼节③之，亦不可行也。"

【难点注释】①和：恰当，适合，恰到好处。②先王：周文王等古代贤王。③节：节制，约束。

【大意试译】有子说："礼的应用，以遇事做得恰当为可贵。过去贤明君王治理国家的可贵之处就在这里，小事大事都做得恰当。如果有行不通的时候，只为恰当而求恰当，不用礼节规矩来节制，也是不可行的。"

【思维评析】有子在这里给"礼"设置了一个标准和方向，那就是"和"。"礼"如果太过于简陋，就达不到表达"敬"的效果，如果过于铺张繁琐，则违背了"敬"的本意。那么"礼"到底要做到什么程度呢？有子给的答案是"和"，也就是要做得恰当。同时，有子又提到了一个注意事项，那就是为"和"而"和"是不可行的，这是为了避免违背原则、纯粹和稀泥的情况出现。那么恰当的"和"与"知和而和"的界限在哪里呢？有子给出的答案还是"礼"，要用礼来节制，这也类似"不忘初心"。可见《论语》提倡的"和"并不是无原则的调和。为人处世，或者为政治国，既要讲求和谐，又要坚守原则。二者并重，缺一不可。

【故事解读】《桐城县志略》记载了这样一个故事：清朝康熙时，安徽桐城人张英担任文华殿大学士兼礼部尚书时，他老家的人和邻居因建房占地起了纠纷，互不相让。张家人便给在京城做官的张英写信讲了此事，想请他出面给桐城官府施压，打击邻居。张英看信后回信说："千里来书只为墙，让他三尺又何妨？万里长城今犹在，不见当年秦始皇。"没有倚仗自己官威欺压邻居，张家人看完他的回信，便主动让出三尺空地。邻居也深受感动，也将墙退回三尺，结果两家和好如初，这就是"六尺巷"的由来，至今传为美谈。

由此可见张英是讲求"礼"之人，而"礼"的应用，是以和为贵，所以他主动退让三尺。而他的邻居也被"礼"所感动，也退让三尺。倘若两家以谋"利"为行为准则，那必然是要起矛盾的。礼是社会的润滑剂，能够让整个社会和谐有序。

【原文呈现】孔子谓季氏①八佾②舞于庭："是可忍也，孰不可忍也！"

【难点注释】①季氏：鲁国正卿季孙氏，这里指季平子，即季孙意如。②八佾（yì）：佾，行、列。古代乐舞礼仪中，一佾（一行）有八个人。八佾，是八行，八八六十四人，这是天子举行乐舞的规格。诸侯用六佾，卿大夫用四佾，士用二佾。季氏只有用四佾的资格，但他却用了天子规格的乐舞，是越轨的行为。

【大意试译】季孙氏在他家庙的庭中使用了周天子八八六十四人的舞蹈行列，孔子："这都可以容忍，还有什么事情不能容忍呢？"

【思维评析】庭院里的一则乐舞，本来是小事，但是这乐舞所代表的却是周天子治下的统治秩序。卿大夫本该用四佾，季氏却用了八佾，表面上只不过是乐舞人数超出了限制，实际上是在春秋礼崩乐坏的过程中，季氏对周天子统治秩序的破坏和挑衅。因此，这件事才引起孔子的极大愤慨。在这里，礼仪外在形式的更改其实反映了季氏内在失去敬畏之心，僭越之道起于微小，推其本质，便可观将来。后来，季氏也确实谋反了。

【故事解读】季氏因为"八佾舞于庭"引起了孔子的极大愤慨。其实此事虽小，但是孔子却看出了季氏僭越的苗头。

鲁昭公在位年间，季平子执政专权。他为人跋扈，与其他卿家大夫结怨，引起鲁昭公不满。季平子联合叔孙氏、孟孙氏，击败昭公的军队，昭公无奈逃到齐国。此后，季平子摄行君位，俨然鲁国君主。定公五年（前505年），季平子去世。阳虎作乱，囚禁了季孙斯，并逼季孙斯盟约。定公九年（前501年），季桓子为首的三桓把阳虎赶走，总算把权位夺回。定公十年（前500年），叔孙氏的家臣侯犯又作乱。

早在多年前，孔子就痛斥"八佾舞于庭"之事，而后果然如孔子所言。季平子的这种僭越行为影响深远，日后他的家臣阳虎作乱，不能不说是受此影响，正所谓"上梁不正下梁歪"。

【原文呈现】子曰："觚①不觚，觚哉！觚哉！"

【难点注释】①觚（gū）：古代的酒器。原来的觚上圆下方有棱角，后来改成圆筒形，棱角也没了。孔子这里是对春秋礼崩乐坏，"君不君，臣不臣，父不父，子不子"的有名无实状况表示不满。

【大意试译】先生说："觚不像觚，这是觚吗?！这是觚吗?！"

【思维评析】孔子曾经感慨过："礼云礼云，玉帛云乎哉？乐云乐云，钟鼓云乎哉？"礼乐所指，并非玉帛钟鼓，而是其内在精神实质。在这里，孔子所不满的，也不是一个酒器到底是变成了圆的还是方的，只不过是对春秋时期周礼有名无实的状况表示愤慨罢了。内在是通过外在来显现的，当外在的形式也做了改变，那么内在的本质也可能就不存了。孔子曾说："名不正，则言不顺；言不顺，则事不成。"在这里，孔子慨叹当今事物名不符实，主张"正名"。

【故事解读】《国语》中记载了一个故事：晋文公重耳帮助周襄王姬郑在郏邑恢复了王位，周襄王打算用一块土地来酬谢晋文公。但晋文公辞谢了，对襄王说，希望能允许他死后可以用天子的隧礼来埋葬。隧礼就是挖一条长隧道，将天子的棺木从隧道中送入墓穴，这比诸侯们的棺木直接从墓穴口放下去要稳得多。但是襄王却不同意，说先王定下来的这些法度是不能破坏的，天子与诸侯的地位要区分清楚。于是晋文公只得接受赏赐的土地回去了。

孔子曾经对于觚的形状名不副实而表示愤慨，这其实代表着他对礼的看重。礼可以区分尊卑，可以明君臣，晋文公的要求已经僭越了礼制，侵犯到周天子的权威，所以东周的天子宁愿舍弃土地，也依然要保留其正统地位的象征。

【原文呈现】子曰："博学于文，约之以礼，亦可以弗畔①

矣夫。"

【难点注释】 ①畔：同"叛"，背叛、违背。

【大意试译】 先生说："广泛地学习文化典籍，用礼仪来约束自己，也可以不违背君子之道了吧。"

【思维评析】 博学于文是指书本知识，约之以礼是指人生实践，这一则说明孔子不仅注重书本知识，更重视人生实践。孔子还说过"质胜文则野，文胜质则史，文质彬彬，然后君子"。强调君子的养成应该将内在的质实和外在的粲然结合起来，文质相焕，斐然成章。这是从君子气质修养的"内外兼修"角度讲的，而这里的"博文约礼"，则是从君子的学识和言行"知行合一"的角度讲的，两相结合，大约便是中国传统文化里一个完美典范的君子人格的养成过程。

【故事解读】 20 世纪 30 年代初，胡适在北京大学哲学系主讲中国哲学史，而钱穆刚刚写完了现代学术史巨著《先秦诸子系年》，两人对于老子的生卒年与《老子》成书年代问题产生了分歧，胡适认为老子与《老子》均现于春秋末年，略早于孔子；而钱穆则认为老子是战国时人，略早于韩非子。两人为此争执不下，经常在自己的课堂上对对方观点大肆抨击。

两人有一次相遇于教师休息室，钱穆开口就说："胡先生，《老子》年代晚，证据确凿，你不要再坚持了。"胡适则幽默地说："钱先生，你举的证据还不能使我心服；如果能使我心服，我连我的老子也不要了。"二人一笑而过。尽管两人的学术观点不同，但是胡适对于钱穆的学问还是相当佩服，尤其对钱穆的《刘向刘歆父子年谱》一文大加褒扬，经常在课堂上对学生宣讲。

胡适和钱穆二人皆是国学泰斗，当二人持不同观点时，并未相互进行人身攻讦，而是以幽默之语带过，并且互相钦佩欣赏，以礼自持，可以说是君子了。

【思考与探究】

1. 孔子认为，"礼"的本质是什么？"礼貌"等同于"礼"吗？"礼"怎样才算是"和"？

2. 孔子抨击季氏用了"八佾"，是因为要维护封建等级制度吗？

【练习与活动】

1. 过年或清明时，你的家乡有行"祭礼"的习惯吗？仔细观察其中的礼仪细节，思考它为什么会代代传承下来。

2. 香港中文大学的校训是"博文约礼"，我们在生活中怎么做到"约礼"呢？

第十五课　德

立德树人，是中国教育事业的根本任务，孩子们需要具有良好的品德，才能成长为一个完整的、健康的人。修"德"有什么用呢？我们应该如何修养德行，提升自己？走进本课，你会看到孔子对"德"的论述。你会发现，德不是孤立存在的，德与言、德与怨、德与学都有着莫大的联系。

【原文呈现】子曰："德不孤，必有邻①。"

【难点注释】①邻：邻居。这里指志趣相投、志同道合的人。

【大意试译】先生说："有德行的人不会孤立，一定会有志同道合的人。"

【思维评析】天地间的万事万物都是相互联系的，都有一种朝着与自己相近的事物移动的倾向，相同或者相近的事物总会走到一起。所以古人常说，同声相应，同气相求。心怀道德律令，有时候你会感到寂寞、冷清。但是孔子在此告诉我们，如果真是有德行的人，绝对不会孤苦伶仃，一定有与你同行的人。

【故事解读】鲁迅与瞿秋白相识于 1932 年春夏之间，彼此一见如故，十分相契，此后他们为推动革命文化运动而并肩战斗，

结下深厚友谊。在白色恐怖中，瞿秋白避难于鲁迅家中，后鲁迅为瞿秋白安置住处，让他用白之的笔名发表杂文。鲁迅曾亲笔题写了由瞿秋白拟写的对联"人生得一知己足矣，斯世当以同怀视之"赠给瞿秋白。在瞿秋白就义后，他仍坚持抱病为他编印《海上述林》，以此表达深切的悼念。

有理想志向的人必然有志同道合的朋友，从"人生得一知己足矣"一联可见二人交情之深厚。鲁迅和瞿秋白可以说是"德不孤，必有邻"的典型例子了。

【原文呈现】子曰："吾未见好德如好色者也。"

【大意试译】先生说："我没见过爱好德行像爱好美色那样热切的人。"

【思维评析】这部分内容探讨了德与色的矛盾。钱穆说："好色出于诚，人之好德，每不如好色之诚。"德与色都是人的本能，只不过好德更多地强调克制和精神层面，好色更偏向于放纵和物质欲望，二者相互矛盾又相互关联，有时候也可以相互转化。其实对德与色的坚守和追求需要在人的内心达到一种平衡，才能让人的身心健康发展。只不过当二者有矛盾冲突的时候，更需要强调克制欲望，坚守道德。

【故事解读】曹魏的许允娶了阮德慰的女儿为妻，花烛之夜，发现阮家女容貌丑陋，匆忙跑出新房，从此不肯再进房内。后来，许允的朋友桓范来看他，对家人说："不必担心，我一定劝入。"对许允说："阮家既然嫁丑女给你，必有原因，你得考察考察她。"许允听了桓范的话，果真跨进了新房。但他一见妻子的容貌拔腿又要往外溜，新妇一把拽住他的衣摆。许允边挣扎边同新妇说："妇有'四德'（编著者注：封建礼教要求妇女具备的妇德、妇言、妇容、妇功四种德行），你符合几条？"新妇说："我所缺的，仅仅是美貌。而丈夫有'百行'，您又符合几条呢？"许允说："我百行都具备。"新妇说："百行以德为首，您好色不好德（你看重容貌却不看重品德），怎么能说是都具备呢？"许允听得哑口无言。从此夫妻相敬相爱，感情和谐。

阮家女虽然容貌丑陋，却蕙质兰心，聪慧有才。好色乃是人的第一本能，所以许允第一反应是逃出新房，不过当他被妻子的德行折服的时候，又欣然接受了她。

【原文呈现】樊迟从游于舞雩①之下，曰："敢问崇德修②慝③辨惑。"子曰："善哉问！先事后得，非崇德与④？攻其恶，无攻人之恶，非修慝与？一朝之忿，忘其身，以及其亲，非惑与？"

【难点注释】①舞雩（yú）：求雨的祭坛。②修：整治。③慝（tè）：邪恶的念头。④与：同"欤"。

【大意试译】樊迟跟从先生在舞雩台下游玩，说："请问怎样提高自己的品德，怎样消除别人对自己隐藏起来的怨恨，怎样辨别迷惑？"先生说："你问得好啊！先付出劳动，再得到结果，不是提高了品德吗？批判自己的坏处，不去批判别人的坏处，不就消除了隐藏的怨恨了吗？因为一时的愤怒就忘记自己，甚至也忘记了父母，不是糊涂吗？"

【思维评析】在子张同时请教"崇德、辨惑"问题的时候，孔子的回答有明显的不同。所以这一条目可以算作是孔子因材施教的例子。这里，孔子教育樊迟要先踏踏实实地做事，不要过多地考虑结果。就像我们学习的时候，应该更多考虑学习本身的进步，而不是事先过多地为分数忧虑。多思考自己的缺点，对别人则保持更多的宽容。做事不要太冲动而不顾后果，不要以自身的安危作为代价。

【故事解读】陶某某与周某同在一所中学读书，周某长得清秀漂亮，陶某某多次向她求爱，但都被周某拒绝。2011年9月

17 日下午，陶某某携带打火机、燃油来到周家，趁周某不备，拿出准备好的油浇到她头上并点燃。被焚烧后，周某被送到安徽医科大学附属医院重症病房，经过 7 天 7 夜的抢救治疗才脱离生命危险，但伤势极为严重，其头面部、颈部、胸部等严重烧伤，一只耳朵也烧掉了，烧伤面积超过 30％，烧伤深度达二度、三度，原本漂亮的她已面目全非。2012 年 5 月 10 日，合肥市包河区人民法院以"故意伤害罪"判处陶某某有期徒刑 12 年零 1 个月。

孔子曾经说："一朝之忿，忘其身，以及其亲，非惑与？"陶某某因为一时的愤怒就忘记自己，甚至也忘记了父母，铸成大错，毁了两个人的人生，算是典型的"惑"了吧。

【原文呈现】子曰："骥①不称其力，称其德也。"

【难点注释】①骥（jì）：古代称善跑的千里马。

【大意试译】先生说："千里马值得称赞的不是它的力气，而是它的品质。"

【思维评析】这里表面上是在说马，实际上还是在说人。马行千里，犹如人之为事，蛮力并不是最重要的，更重要的是在做事中所体现出来的忠厚坚毅等品质。具备这些品质的马才能行千里之远，具备这些品质的人也才能够获得更大的成就。

【故事解读】岳飞在《论马》一文中有这样的记述：

我曾有两匹马，吃得多却不随便接受食物，宁可饿死都不吃不精良的饲料，不喝不干净的泉水。奔跑的时候，开始跑得不是很快，跑了一百多里后，四蹄奋振，姿态俊逸；可以不歇息跑一天，卸下马鞍不喘息、不出汗，没有一点累的样子。这马是能走远路的良马。我现在骑的马就不一样了。吃得少，吃喝都不挑选，还没拉缰绳就跃跃欲试，没跑到一百里，就疲惫不堪，气喘吁吁，几乎要死去的样子。这马喜好逞能却容易竭尽体力，是愚

蠢的马啊。

《论马》一文表面上是在说马，实际上是在说人。良马非精良饲料不吃，非干净泉水不喝，其实说的是人应该洁身自好。良马沉着稳重、力气充沛而不逞能，为人也应该如此。所以古人不称赞马的力气，而称赞它们的德行，为人也是这样，蛮力并不是最重要的，修德能让你的人生走得更远。

【原文呈现】或曰："以德报怨，何如?"子曰："何以报德? 以直报怨，以德报德。"

【大意试译】有人说："用恩惠来回报怨恨，怎么样?"先生说："那又用什么来报答恩惠呢? 拿公平正直来回答怨恨，拿恩惠来报答恩惠。"

【思维评析】对于"怨"，我们可以有三种应对方法：以怨报怨、以德报怨、以直报怨。孔子不赞成以怨报怨，他不赞成以一种恶意、一种怨恨、一种报复的心态去面对别人的不道德，否则这个社会将是恶性循环，无休无止。孔子也不同意"以德报怨"的做法，这个做法既不符合人性的规律，也对有德之人不公平。以直报怨是最佳的处理方式，"直"是公正合理、不偏不倚，即用公正的、率直的、磊落的、高尚的人格，正确面对有过失的和行为不端的人。用现在的说法就是拿起法律的武器，以公正的法治来解决不公正的问题，这就是兼顾人性与公平的最合理的做法。

【故事解读】春秋时期卫国的季羔，依法判决而砍了一个犯人的脚。后来卫国因蒯聩作乱，季羔逃跑时要经过那个被砍脚的人守的城门，他让季羔翻越残破的矮墙逃跑，季羔说："君子不翻墙。"他又让季羔钻地道逃跑，季羔说："君子不钻。"他只好拉着季羔进了密室，追捕他的人找不到就撤了。季羔对守门人说："我当初不能违背王法，所以才砍了你的脚，现在我落难了，正是你报仇的好机会，而你却三次救我，这是为什么呢?"守门人说:"断足是我应得之罪，你是用法令治理大家。行刑的时候，我看您的脸色非常严肃没有喜色，知道您是君子，这就是我敬佩您的原因。"

季羔有君子之德，遵循法律砍了犯人的脚，犯人并不怨恨他，反而还救了他一命。犯人用公正的眼光看待整个事情，并且因为欣赏季羔的君子之风而仗义相救，算是"以直报怨，以德报德"的践行者了。

【原文呈现】子曰:"有德者必有言，有言者不必有德。仁者必有勇，勇者不必有仁。"

【大意试译】先生说:"有德行的人一定有好的言论，有好的言论的人不一定有德行。有仁德的人一定有勇气，有勇气的人不一定有仁德。"

【思维评析】这一则探讨的是德与言、仁与勇的辩证关系。在孔子的定义下，言与德应该是包含与被包含的关系，仁与勇亦然。德属于言的真子集，仁属于勇的真子集。所以按照这样的逻辑来推论，我们可以得出，有言者多，然其中兼有德者少。勇者多，然其中兼有仁者少。

【故事解读】周传金是个二十一岁的小伙子，在上海打工。2012年8月29日，他在地铁站见义勇为帮南京女孩徐佳抢回被盗手机。在与盗贼搏斗的过程中，周传金左手被刺伤八根筋，深达骨面。受伤后，女孩徐佳毫不犹豫垫付了一万元手术押金，并时常去看他。事件报道后，很多市民前去探望他，周传金所在的公司给予他终身员工的嘉奖，养伤期间，工资照发。救治周传金的解放军411医院也免去了他所有的医药费、后续复诊费，还有他母亲在院陪护的住宿费等。医院的两位护士考虑到他手伤不便，还把他的衣服带回去清洗。

周传金并不孤单，他身边的很多人都在传递着爱心和力量，正气得以张扬。心中有仁爱的人一定能帮助别人增长勇气，而这勇气又能带动社会其他人传递仁爱，传递温暖。

【原文呈现】 子曰："由也！女①闻六言②六蔽矣乎？"对曰："未也。""居！吾语女。好仁不好学，其蔽也愚。好知③不好学，其蔽也荡。好信不好学，其蔽也贼。好直不好学，其蔽也绞；好勇不好学，其蔽也乱。好刚不好学，其蔽也狂。"

【难点注释】 ①女：同"汝"，你。②六言：六个字，即下面讲到的仁、知、信、直、勇、刚。③知：同"智"。

【大意试译】 先生说："仲由啊，你听说过有六种德行便会有六个方面的弊病吗？"子路回答说："没有啊。"先生说："你坐下！我告诉你。爱好仁德却不好学，其弊病是愚蠢；爱好智慧却不好学，其弊病是放荡，没有根基；爱好诚实却不好学，其弊病是造成伤害；爱好直率却不好学，其弊病是刻薄不通情理；爱好勇敢却不好学，其弊病是会犯上作乱；爱好刚强却不好学，其弊病是会造成狂妄。"

【思维评析】 这就是有名的六言六弊，已经是一个成语了。六言就是仁、知、信、直、勇、刚，是为人处世的六种好品德。但可曾想过，这六言过了头，就会产生不良的效果，甚至可能招致祸端。"仁"就是心地仁厚，但是如果对任何人任何事都心地仁厚，是非不清，则易被人愚弄。"知"是广知博览，有大学问。但如果不能正确对待，谦虚好学，则很容易浮躁起来。"信"，诚信、轻信、自信。信而不学，容易高傲自大，容易轻信他人，就难免上当受骗，甚至以身犯法，以贼名收场。"直"，正直、直率，正直好义是做人的通达境界。但正直得过了头，过于粗率，欠修养、欠礼仪，对人对己都会造成伤害。"勇"是勇敢。勇需要有血性和刚猛的精神，要立足于一个"义"字，而不能偏激于一时利害输赢，闹出不可收拾的乱子来。"刚"是刚强，这是一种做人做事高尚的境界，但不能盲目地刚；否则，刚变成狂，狂者必败。六言需有度，而如何把握这个度，其要点就在于"学"。"学"能使人更好地把握六言的平衡。

【故事解读】宋国和楚国军队在泓水之滨对峙。右司马对宋襄公说："宋军少而楚军多，趁他们正在过河还没列队时发动攻击，他们必败无疑。"宋襄公说："我听君子说过'双方交战，不进攻尚未列成阵势的队伍'。现在楚军还没渡完河，我们发动攻击，这是不道德的。还是让他们全部渡过河摆好阵势后，再击鼓进攻吧。"右司马说："您不爱护我国的人民，让国家受到损害，难道这就讲道德了吗？"等到楚军已渡过河来摆好了阵势，宋襄公才下令击鼓进军，结果宋兵大败，襄公也遭受重伤，三天后就死了。

孔子在教育子路的时候说，爱好仁德却不好学，其弊病是愚蠢。宋襄公一味讲求仁德，却不顾及国家和军队的安危。《孙子兵法》有云："兵者，诡道也。"宋襄公不学兵法，不按照打仗的规律行事，最终国破身亡，这是在小处行仁德，却在大处愚蠢呀。

【原文呈现】子夏曰："大德①不逾闲②，小德出入可也。"

【难点注释】①大德、小德：指大节与小节。②闲：木栏，这里指界限。

【大意试译】子夏说："人的德行，大处不可以逾越界限，小处有些出入是可以的。"

【思维评析】本条目阐述的是一个主要矛盾的问题。大节是主要矛盾，小节是次要矛盾。评价一个人的是非功过，应当观大节，看主流，而不应斤斤计较于细枝末节，更不能抓住一点不放，以小节之过否定大节，把人一棍子打死，把事情全盘否定。

只不过孔子一向主张严以律己，宽以待人——对自己应该要求严格，对别人则应该心存宽恕。子夏这一句话，可以用来对待别人，却不宜用以替自己找借口，放松对自己的要求。

【故事解读】在《宪问》篇里，子贡问孔子说："管仲算不算是仁呢？齐桓公杀了公子纠，管仲不为主子拼死，反而做了桓公的宰相。"孔子说："管仲做桓公的宰相，辅佐他称霸诸侯，匡正天下，老百姓到现在还受到他的恩惠。如果没有管仲，我们大概也都像愚昧的人那样披散着头发，衣襟向左边开了吧。难道管仲要像普通男女那样拘于小节，自己死于荒野之中而没有人知道才是仁吗？"

在孔子看来，管仲匡扶天下是大的德行，而没有为主子而死是属于小节，"大德不逾闲，小德出入可也"。管仲为天下大道而竭尽心力，小节虽然有亏，但也是可以称赞的。

【思考与探究】

1. 哪些品行可以称之为有德？"德"与"色"一定是冲突的吗？

2. 思考德与言、德与学、大德与小德的关系。子夏说："大德不逾闲，小德出入可也。"这个大小怎么区分呢？

【练习与活动】

1. 在一张纸上总结出你希望自己在成长中具备的"德行"，并谈一谈你打算通过什么途径来修养这些德行。

2. 请你举生活中一件符合"德行"的小事，给大家分享你的认识。

第十六课　和与中庸

　　生活中有一个词，叫"过犹不及"，超过和不及都是不太理想的状态，"中庸"似乎成了一种更加理想的境界。孔子认为，中庸是一种非常高尚且难以达到的德行。唯物辩证法中讲，万事万物都是对立统一的，这个"对立统一"，其实就是中庸的智慧。

　　【原文呈现】子曰："关雎①乐而不淫②，哀而不伤。"

　　【难点注释】①关雎（jū）：《诗经》第一篇的篇名。②淫：古人称过分至于失当的地步为"淫"。这里指过于注重形式的快乐美妙，而失掉了正统的意义。可以看出孔子主张中和，反对过度。

　　【大意试译】先生说："《关雎》这首诗，表现快乐而不放纵，忧郁而不悲伤。"

　　【思维评析】在孔子看来，文艺所表现的情感是需要节制的，讲究适度、平和，不能过于放纵，任其泛滥，这就需要把握一个"度"。欢乐而不放纵，悲哀而不伤痛，这正是儒家倡导的中和之美，也正是儒家中庸思想的体现。

【故事解读】有生物学家做了一个实验：

冬天时，把十几只刺猬关在户外空地上的笼子里。这些刺猬被冻得浑身发抖，为了取暖，它们只好彼此靠在一起，而相互靠拢后，又因为忍受不了别的刺猬身上的长刺，很快又各自分开了。可天气实在太冷了，它们又靠在一起。然而，靠在一起时的刺痛使它们不得不再度分开。就这样反反复复地分了又聚，聚了又分，不断地在受冻与受刺之间挣扎。最后，刺猬们终于找到了一个适中的距离，既可以相互取暖，又不至于被彼此刺伤。

挨得太近，身上会被刺痛；离得太远，又冻得难受。刺猬之间的距离就是一个非常"中庸""和谐"的距离，也就是儒家所提倡的中和之美。儒家提倡听音乐的时候，要求表现快乐而不放纵，忧郁而不悲伤，这也是中和思想的体现。

【原文呈现】子曰："中庸①之为德也，其至矣乎！民鲜久矣！"

【难点注释】①中庸：指不偏不倚，不做过火的事。中，折中，调和。庸，普通，寻常。

【大意试译】先生说："中庸作为一种德行，是最高尚的了！人们缺少这种德行已经很久了。"

【思维评析】中庸是儒家的重要思想。中庸讲求的是调和、均衡、不偏不倚、无过无不及。哲学上讲万事万物都有矛盾，矛盾无时不在，无处不在，而中庸所要探索的就是在动态的矛盾中达到一种相对静止的均衡状态。中庸讲求不偏不倚，让对立的双方互相牵制，互相补充。放到人的内心来说，唯有实行中庸之道，使人的气质、作风、德行都不偏于一个方面，才更容易让人的内心达到可贵的平衡，处于安静淡泊的状态。

【故事解读】孔子去鲁桓公庙观礼，看到一个歪倒的瓦罐。孔子很奇怪这么庄重的场所竟然有礼做得欠缺的地方，问守庙

人，为何不把瓦罐扶正？守庙人说："这是'宥座之器'（古时国君放在座位右边，警诫自己做事不要过或不及），没水时歪斜，装上一半水就正过来了，装满了水，却反而倾倒了。"孔子由此大为感叹，悟出了中庸之道，说："君子的言行符合中庸，小人的言行却违反中庸。君子的言行符合中庸，因为君子的言行时刻都不偏不倚。小人的言行违反中庸，因为小人的言行无所顾忌、无所畏惧。"

孔子称中庸是最高尚的德行，"宥座之器"的存在正好可以印证中庸的魅力。一个人的作风、德行没有偏斜，内心就会安静淡泊，处于一种平衡的状态。

【思考与探索】

1. 中庸的本质是"懦弱"吗？
2. 实践"中庸"的德行会有什么好处和坏处？

【练习与活动】

你生活中有"过犹不及"的体验吗？思考为什么"过犹不及"？

第十七课　《诗》与乐

　　海德格尔说：人要诗意的栖居。文学和音乐都会给我们铺开一条更为诗意的人生道路。孔子喜欢《诗经》，他最爱里面的真挚坦荡，评其"思无邪"。他也喜欢音乐，在齐国听《韶》乐，三月不知肉味。孔子觉得，人是"兴于诗，立于礼，成于乐"的。好的艺术能够涵养性情，滋养人生。

　　【原文呈现】子曰："诗三百①，一言以蔽②之，曰：'思无邪。'"

　　【难点注释】①诗三百：《诗经》有305篇，人们常用"诗三百"这一整数的说法来指代《诗经》。②蔽（bì）：概括。

　　【大意试译】先生说："《诗经》三百篇，用一句话来概括它，就是：不虚假。"

　　【思维评析】本则有多种解释，这里我们采用李泽厚先生的解释，"思"是语气助词，不作思想解，"邪"也不作邪恶解。"无邪"指的是"至情流溢，直写衷曲，毫无伪托虚徐之意"。所以，《诗经》作为一个原生态的中国诗歌源头，最可贵的地方就在于诚挚坦荡，光明磊落。比如《诗经》里面的爱情，可以庄重，可以热烈，可以哀怨，都是出于内心真实情感，即程伊川说的："思无邪者，诚也。"

【故事解读】一档小众的《中国有嘻哈》音乐节目出人意料地火了，其每一期的网络点击量都在 2 亿左右，话题量和热度居高不下。

当嘻哈文化在欧美和韩国等地火爆的时候，中国的嘻哈音乐却非常沉寂，无法形成一种影响大众的潮流。当今的中国，更为注重自我价值和自我体验的"90 后"和"00 后"成为青年文化的掌舵人，嘻哈音乐中所蕴含的 keep real（做自己）的精神特质与他们的想法不谋而合。

孔子强调，《诗经》的最美之处在于"诚"，其实，所有的艺术形式，唯出自内心、真诚才能动人。几千年后，强调"real"的嘻哈音乐再次证明了这一点。

【原文呈现】子在齐闻韶①，三月②不知肉味，曰："不图为乐之至于斯也。"

【难点注释】①韶（sháo）：传说虞舜时创制的乐曲。②三月：约数，不是确切地指三个月，而是指好几个月，很长时间。

【大意试译】先生在齐国听《韶》乐，好几个月吃肉都不知道滋味。他说："没想到音乐的美妙有到这等境地的。"

【思维评析】一个时代的特质会体现在社会生活的每一个方面，我们完全可以在艺术创作当中窥见当时时代的气度。韶乐是古代歌颂虞舜的一种音乐，而孔子又是鉴赏音乐的大师，对音乐的感悟、理解能力极高，所以当他听到韶乐的时候，不仅仅是在听音乐，而且是透过音乐来感受虞舜时代古朴平和的风范。孔子一生极其推崇尧舜禹时代的政治和礼制，所以他能够听韶乐如痴如醉至三月不知肉味的地步，也是可以理解的。

【故事解读】在浙江省湖州市小西街文创休闲街区，有一间

"哎哟音乐"工作室。工作室主人是"90后"的"哎哟小强"，本名李小强，是网易云独家签约音乐人，也是湖州新生代音乐人。李小强说："音乐是富有强大感染力的。""我想把生活中的故事唱成歌谣，无论是琐碎的还是悲伤的，都通过一种美好的方式呈现出来。"在李小强的网易云音乐榜单热门里，排位第一的《哎哟》是他写给自己的歌。26岁时，他被查出患有口腔肿瘤，"在情绪最低谷的时候，我写了这首歌。经过两年治疗，我的心态开始调整过来，慢慢也可以正常唱歌了。"他说，在他人生最艰难时，音乐是最好的良药。他想通过这首歌告诉大家，美好就在身边，一定要学会发现和珍惜。

人生需要音乐相伴，需要艺术滋养，尤其需要高雅的音乐和高雅的艺术。

【原文呈现】子曰："兴①于诗，立于礼，成于乐。"

【难点注释】①兴：兴发，激励。

【大意试译】先生说："用《诗经》激励志气，用礼仪作为立身的准则，用音乐涵养人的性情。"

【思维评析】在这一条目里，孔子指出了诗、礼、乐分别在教育中的不同作用——以文学激发，以礼仪约束，以音乐涵养。这三方面对应在我们教育体系中，则是知识、道德、审美。这三个方面不仅适用于个人，也适用于群体和社会。所以一个文明的源头大都是文学，文明的成熟则需要礼仪制度、道德规约，这大都是属于社会学和哲学的层面，而文明最深层次的精神境界归于美学。诗是偏于感性的，礼是偏于理性的，而乐则是二者的结合。诗是自由的，礼是不自由的，乐则是在约束当中达到精神上的另一种自由，这与"七十而从心所欲，不逾矩"是相似的。

【故事解读】战国时期，诸侯征战，百姓流离悲苦。在一次战争中，郑国俘虏了楚国好多人，并把一部分献给晋国。俘虏中有一位名叫钟仪的琴师，为人性情诚恳，非常热爱自己的祖国。由于钟仪琴艺高超，晋侯命他到宫中演奏，他在宫廷上理好琴弦，调好音律，一股思乡之情油然而生，他含泪"操南音"，抚乡曲，楚国音调回荡在宫廷。这时满朝文武皆为钟仪捏了一把汗，"在晋国弹奏楚国音乐，这还了得！"但晋侯听了却被钟仪的行为和琴声感动，说他"乐操土风，不忘归也"，这样重情重义，对家乡有这么深厚的感情，实在难得。于是命人把钟仪送回楚国去了。

孔子说："兴于诗，立于礼，成于乐。"钟仪在音乐中流露出家乡之思，而晋侯也因为被音乐打动，不仅没有怪罪他，反而把他放归楚国。音乐之美，是可以超越国界和利益的。

【原文呈现】子曰："小子何莫学夫诗？诗可以兴，可以观，可以群，可以怨。迩①之事父，远之事君，多识于鸟兽草木之名。"

【难点注释】①迩（ěr）：近。

【大意试译】先生说："学生们为何不学习《诗经》呢？《诗经》可以兴发情感，可以懂得博观天地，可以懂得和别人相处，可以懂得讽刺的方法。近处讲可以懂得怎样侍奉父母，远处讲可以懂得如何侍奉君主，而且还能多认识草木鸟兽的名称。"

【思维评析】这一条目对诗歌的社会作用给予了高度肯定。现代诗歌批评所津津乐道的认识、教育、审美三大作用，在孔子的这段话里实际上都可以找到自己的位置。本条目虽然讲的是《诗经》，但是实际上也可以延伸成阅读的功用。阅读既能够兴发人的情感，同时可以加深对世界的了解，让人学会分析事物，学得观察世界的方法，学会与人交流，学会表达自己，学会忠，学会孝。《诗经》功用如此，其实更多优秀读本的阅读功用亦是如此。

【故事解读】一天，孔子一个人站在院子里，正好儿子孔鲤路过，孔子问道："鲤儿，你学了《诗经》没有?""还没有。"孔鲤回答。"不学好《诗经》，就不能表达自己的思想。"孔子说。孔鲤听了，就回去苦读《诗经》。又有一天，孔鲤又碰到独自站在院子中的父亲。孔子问："鲤儿，你学《礼记》了吗?""还没有。"孔鲤回答。"不学好《礼记》，就不懂得立身做人的道理。"孔子说。孔鲤回去认真地研读《礼记》。孔子的弟子陈亢便问孔鲤："你父亲是不是教了你不曾教我们的学问?""父亲只是要我好好读《诗经》，好好学《礼记》。"孔鲤回答说。陈亢一听，原来孔子对儿子和学生的要求一样。

孔子为什么这么看重《诗经》呢? 他认为，阅读《诗经》，可以兴，可以观，可以群，可以怨;在认识、教育、审美方面都有进益。他对学生是如此教导，对自己的儿子也是一样的。

【思考与探索】

1. 学《诗经》与乐有什么好处?

2. 《诗经》、乐与德行有什么关系呢?

【练习与活动】

寻找几首你喜欢的不同种类的歌曲（如民谣、布鲁斯、摇滚、嘻哈等），查询资料，分析歌曲与孕育它的文化土壤的关系。

第十八课　生与死

生与死都是人生的大事，儒家多言生，慎言死，这一点和道家、佛家形成了有趣的对照。道家以同等的欢欣去面对生与死，佛家则提出生死轮回之说。其实，"生"偏重于当下，"死"指向未来，儒家抛弃了对亘古未来的虚无考虑，立足当下，做好当下之事，体现出一种积极的生命观。

【原文呈现】季路①问事鬼神。子曰："未能事人，焉能事鬼？"曰："敢问死。"曰："未知生，焉知死。"

【难点注释】①季路：即子路。因为做季氏的家臣，又称为季路。

【大意试译】季路问服事鬼神的方法。先生说："活人还不能服事，怎么去服事鬼神？"季路又问："我大胆地请问一下死是怎么回事？"先生说："生的道理还不明白，怎么能懂得死呢？"

【思维评析】这一条目体现的是孔子的生死观。孔子是怎么对待鬼神的呢？他自己说"敬鬼神而远之"，他的弟子说"子不语怪、力、乱、神"。孔子先是说"未能事人，焉能事鬼"，然后又说"未知生，焉知死"，这说明孔子认为人事尚未处理好，不必考虑鬼事，活着的事情还没有明白，何必去探究死后的事情？如果我们把时间分成过去、现在、将来三段，那么孔子更注重的是现在的时间段。人生短短数十年，将人事做好便已难得，况且根据孔子的价值观，忠君孝父，做好当下事，才能让人生对自己和对他人具有意义。

【故事解读】鲁迅从日本留学回来后，在故乡绍兴教书时，有一天晚上经过一片坟地，那里灌木、杂草丛生，显得阴森森的。突然，鲁迅发现不远处一座坟前立起一个白影，慢慢地高起来，忽然又缩下去了。他仔细一看，白影时而大，时而小。鲁迅是学医的，不相信有什么鬼魂，他壮大胆子，继续朝前走。他正要走过坟地时，白影忽然移动起来，转到一座坟后缩了下去。鲁迅越发生疑了：看来这个"鬼"怕我，躲起来了，你越躲，我偏要看看。于是他大步赶过去。"什么人？你在干什么？"他飞起一脚，踢过去，只听"哎哟"一声，白影叫了起来，站起来逃走了，身上掉下来一块白布。原来这是个盗墓的人。

我们过多地关注死亡之后虚无的世界，就会失去脚踏实地在现实中奋进的力量。鲁迅是不怕鬼的，孔子则不愿意过多地说鬼神之事。"未知生，焉知死？"这是一种积极的生命观。

【思考与探索】

你怎么看待生与死的关系？

【练习与活动】

2014 年 5 月 13 日留美博士杜先汝为救人不幸被卷入洪水身亡，你是如何看待这一事件的？

第十九课　儒与道

在中国古代哲学体系中，儒与道是两个非常有意思的流派，它们的主张时常对立，却又经常暗合。儒家与道家的高人也时常在经典之中互有交集，读儒家之书，往往能看见道家的旷达与狂放，在道家之书中，往往能看见儒者的困窘与坚持。其实，儒家入世，道家出世，在出入之间，都是哲人们对人生、对世界的思考和应对。

【原文呈现】楚狂接舆①歌而过孔子，曰："凤兮！凤兮！何德之衰！往者不可谏，来者犹可追。已而已而！今之从政者殆而！"孔子下，欲与之言。趋而辟②之，不得与之言。

【难点注释】①接舆（yú）：迎面遇着孔子的车子。接，迎。舆，车。因为这件事而称他为接舆。②辟：同"避"，躲避。

【大意试译】楚国的狂人接舆唱着歌从先生的车前走过，说："凤凰啊！凤凰啊！为何道德这样衰微？过去的别再说了，未来的还可以追寻。算了！算了！现今从政的人危险啊！"先生下车，想和他说话。他快步避开了，先生没能和他说话。

【思维评析】在这一条目里面，我们可以看到儒家与道家思想的区别。接舆代表的是道家的出世，而孔子代表的是儒家的入世。接舆唱"何德之衰"，孔子经常感慨春秋礼崩乐坏的现实。二者皆认识到世道衰微这一事实，但是接舆的态度是从政危险，人们应当规避，孔子的态度却是明知不可为而为之。换一个角度想，当世道沦丧之时，倘若人人皆顾自保，那么又用什么力量来推动这世道的前进呢？

【故事解读】 庄子在濮水上钓鱼，楚王派两位大夫来传达他的意思："劳烦先生处理楚国国事。"庄子手拿钓竿，头也不回，道："听说楚国有只神龟，三千年前就死掉了，被包装得好好的，供奉在庙堂上。你们说，它是愿意像这样成为一副死骨头和甲壳受供奉呢？还是宁愿活着拖起尾巴在泥塘里爬？""可能会愿意活着在泥塘里爬罢。"两位大夫回答。"那么，两位请回吧。"庄子说："让我拖起尾巴在泥塘里爬吧。"

孔子奔波劳碌一生都没有实现自己的理想，庄子则根本不愿意出仕，更愿意过自由自在的生活。儒家与道家的区别在于一个知其不可为而为之，一个则更加顺应自然天道。这是两种不同的人生智慧。

【原文呈现】 长沮、桀溺耦而耕①，孔子过之，使子路问津②焉。长沮曰："夫执舆者为谁？"子路曰："为孔丘。"曰："是鲁孔丘与③？"曰："是也。"曰："是知津矣。"问于桀溺。桀溺曰："子为谁？"曰："为仲由。"曰："是鲁孔丘之徒与？"对曰："然。"曰："滔滔者，天下皆是也，而谁以易之。且而④，与其从辟⑤人之士也，岂若从辟世之士哉！"耰⑥而不辍。子路行以告。夫子怃然⑦曰："鸟兽不可与同群，吾非斯人之徒与而谁与？天下有道，丘不与易也。"

【难点注释】 ①长沮（jū）、桀（jié）溺：形容两个人在水里劳动的形象，不是真名。长，身材高大。溺，浸在水里。耦

（ǒu）而耕：并头耕作。②津：渡口。③与：同"欤"。④而：同"尔"，你。⑤辟：同"避"。⑥耰（yōu）：农具用来击碎土块，平整土地。⑦怃（wǔ）然：怅惘失意的样子。

【大意试译】长沮、桀溺两个人一同耕田，先生从那里经过，叫子路去问渡口在什么地方。长沮说："那位驾车的是谁啊？"子路说："是孔丘。"他又说："是鲁国的那位孔丘吗？"子路说："是的。"他就说："他吗，早知道渡口在哪里了。"子路又问桀溺。桀溺说："你是谁？"子路说："我是仲由。"他说："是鲁国孔丘的弟子仲由吗？"子路说："是的。"他便说道："世上纷乱如洪水滔滔弥漫，天下都是这样，你们和谁去改变这种状况呢？你与其跟着孔丘那种逃避坏人的人，为什么不跟着我们这些逃避整个社会的人呢？"说完，仍不停下手里的活儿。子路把这些告诉先生。先生怅惘地叹息说："我们既然不可以与鸟兽为群，如果不和天下人为群，又和谁同群呢？如果天下太平，我就不会参与变革现实的活动了。"

【思维评析】从某种角度来说，孔子是一个悲剧性的人物，他明明知道他的道不一定可行，却依旧放不下这衰微的世道，并为之奔走呼号，明知不可为，却依旧要为之。这是孔子的天下大义，正因为社会动乱、天下无道，他才与自己的弟子们不知辛苦地四处呼吁，为社会改革而努力，这是一种可贵的忧患意识和历史责任感。而道家有时候是跳出人世看天下的，道家的视角更广阔，思想更玄妙，对待人世更淡漠，在道家眼中，朝代更替是正常的更迭。道家的视角是天地是自然，而儒家的视角是人伦是社会，所以二者常常有观点的对立，但是我们无法评定二者的优劣。只能说，一个旷达的人，往往儒道兼具吧。

【故事解读】庄子的妻子死了，惠子前往吊唁，看到庄子分开双腿像簸箕一样坐着，敲打着一个瓦罐还唱着歌。惠子说："你的妻子和你生活了一辈子，生儿育女直至衰老而死，人死了你不伤心哭泣也就算了，还敲着瓦罐唱起歌来，这也太过分了吧!"

庄子说："妻子刚死时，我也很伤心啊! 可是我一想她原本就不曾出生，不曾具有形体，也不曾形成元气。后来变化才有了元气，有了形体，进而有了生命，直到死亡，这就跟春夏秋冬四季运行一样。死去的人将安稳地寝卧在天地之间，而我却围着她啼哭，这是没有通晓天道轮回，所以我就停止了哭泣。"

在生命的轮回上，庄子代表的是道家的一种豁达。所以桀溺认为，世事纷乱，就应该避世自保。而孔子则不然，他觉得世事纷乱，便应该去改变这世道。儒道观点相反相合，二者结合，便是"穷则独善其身，达则兼济天下"，这是儒道兼具的智慧。

【思考与探索】

1. 儒家和道家追求的人生目标有什么不同?
2. 怎么评价孔子的"知其不可为而为之?"

【练习与活动】

搜集几则老子和庄子的故事，将之与孔子、孟子和朱熹的故事相比较，分析儒道两家的异同。

第二十课　天、命、性

孔子罕言天命，然而我们在本课中可以看到，孔子是敬畏天命的，这种敬畏最终走向的是人的刚直和对原则的坚守。天命虽不可违，人却可以尽人事。孔子倡导"不怨天，不尤人"的君子人格，这种人格具有一种面对天命不卑不亢的风度。

【原文呈现】王孙贾①问曰："'与其媚②于奥③，宁媚于灶④。'何谓也？"子曰："不然。获罪于天，无所祷也。"

【难点注释】①王孙贾：卫国卫灵公时任大夫。②媚（mèi）：谄媚，巴结。③奥：屋里的西南角，这里指屋里西南角的神，地位较高。④灶：原义是炉灶，这里指灶神，人们认为灶神地位虽低，却能通上天，决定人的福祸，所以灶神自古受到人们的隆重供奉。"与其媚于奥，宁媚于灶"是当时的俗语。

【大意试译】王孙贾问道："与其巴结奥神，不如奉承灶神，这话怎么讲呢？"先生说："不是那样的，如果得罪了天，向谁祈祷都没用。"

【思维评析】这一条目表面上是在说向神祷告的事，实则是在谈论官场上处世的技巧。灶神指的是国君身边职位低的大臣，他们地位虽低，却因为常伴君侧，能影响君王的看法。奥神职位虽高，却无法经常见到天子并且进言。这其实隐含着大与小、远与近的关系。孔子虽然知道这个道理，却依旧不愿意去讨好这些人。这里我们可以看到孔子的刚直和对原则的坚持。其实这一则还可以解读成，不管在官场上怎么长袖善舞，倘若所做之事不符合天道，依旧是无用的，我们从中可以隐约看到孔子对天命的敬畏。

【故事解读】孔子周游列国来到卫国，卫灵公对他很好，很想起用他。一天，卫国大夫王孙贾向孔子请教"与其媚于奥，宁媚于灶"的道理。王孙贾用奥神暗指卫灵公，用灶神暗指卫灵公身边的大臣，劝告孔子，不能只与君侯交好，更要结交君侯身边的大臣，让他们在君侯面前为你美言。孔子回答他一句"自助天助"，意思是一个人如果不按"礼"行事，做了坏事，向谁祈祷也没有用，而依"礼"行事，自会有天助。孔子的意思是，你说的我都懂，只不过我不屑这样做。后来卫灵公想重用孔子，但身边大臣说，孔子门下弟子众多，如有不忠会动摇卫灵公的统治，卫灵公就没有起用孔子。

王孙贾的问话包含着世俗小人的处世诀窍，而孔子的回答虽然委婉，却正气凛然。不喜欢钻营的孔子，也正是因此而未受大用。卫国上下风气如此，后来在兼并战争中被灭也是可以推知的事情了。

【原文呈现】孔子曰："不知命，无以为君子也。不知礼，无以立也。不知言，无以知人也。"

【大意试译】先生说："不懂得天命，就无法成为君子；不懂得礼，就无法立身于社会；不懂得辨别别人的言论，就无法了解别人。"

【思维评析】南怀瑾说："命，宇宙法则也，时代趋势也。"

命其实是一种人世间必须遵循的社会规律，也可以是历史发展的规律和趋势。如果一个人无法认清这些规律和社会发展的大趋势，逆天违命而行，必将阻碍重重。君子尊重客观规律，明辨是非，对未来发展有理性的判断和预测，可以呼吁他人从善以避免灾难的发生。所以孔子强调"顺天命"。知天命，顺天命，而后能为君子。

【故事解读】美国盲聋女作家、教育家海伦·凯勒一岁半时因病损失了视觉和听力，这对于普通人来说是无法想象、无法忍耐的疾苦。但是海伦并没有向命运屈就。在她的老师的教导、帮助下，她以刚强的毅力克服了病残，学会了讲话，用手指"听话"并掌握了五种文字。二十四岁时，她以优良的成绩毕业。此后她把终身投入世界盲人、失聪者的公益事业中，曾受到很多国家的赞誉和褒奖。1959年，联合国曾提议发起"海伦·凯勒"活动。她的自传作品《我生活的故事》，成为英语文学的经典作品，被翻译成多种文字刊行。

天命给了海伦·凯勒残缺的身体，但是她知天命，顺天命，自立自强，活出了在天命之中最顽强的样子，突破了天命的限制。这也许是我们对待命运的正确方式吧。

【原文呈现】子曰："凤鸟①不至，河不出图，吾已②矣夫！"

【难点注释】①凤鸟：传说凤凰是种神鸟，它的出现表示天下太平；圣人受命而王，黄河就会有龙马驮着八卦图出现，都是国泰民安的预示。②已：停止。

【大意试译】先生说："凤凰不来了，黄河龙马不背负图画出现了，我这辈子恐怕没有希望了！"

【思维评析】孔子为了恢复礼制而辛苦奔波了一生。到了晚年，他发觉周礼的恢复似乎已经成为泡影，于是发出了以上哀叹。这一声哀叹，比起《论语·述而篇》的"甚矣吾衰也！久矣

吾不复梦见周公"之叹，更让人感到悲戚。凤鸟河图是太平祥瑞的象征，为万世开太平则是激励着孔子在春秋时期礼崩乐坏的世界继续弘扬儒家之道的动力。然而当孔子晚年垂暮的时候，依旧看不到世道清明的迹象，凤鸟河图不出，代表着这个老人的理想将再不能实现。这是一个追寻了一生梦想的垂暮老人的感叹，可以想象他所遭受的心理打击。而就在那一年，他最心爱的弟子颜回又不幸早夭，离他而去。次年，他最忠心的弟子子路杀身成仁。一切都随风而去了。再次年，他自己也在"泰山坏乎！梁柱摧乎！哲人萎乎！"的感叹与伤痛中逝去。

【故事解读】鲁哀公十四年（前479年）春，鲁哀公领着大臣们在大野（今曲阜的巨野县）一带打猎。给大臣叔孙氏管车的随从商射中一只奇怪的兽，追了一段路程，最终抓住了。叔孙氏见是一头不知是什么的怪兽，以为不吉祥，自己不要，就赐给下人。孔子看了说："这是麒麟啊！它为什么来啊！它为什么来啊！"一边说一边大哭。叔孙听说了，就把这头怪兽留下了。据说孔子这时正在写《春秋》，认为麒麟是祥瑞"仁兽"，太平盛世才出现，现在不是太平盛世，不该出现而又被猎获，十分感伤，写了"西狩获麟"这句话后，就停笔写不下去了。这就是传说中孔子写《春秋》"绝笔于获麟"的故事。

西狩获麟，凤鸟不至，河不出图，这都喻示着孔子济世的理想难以实现，晚年的孔子对此应该是相当感叹的吧。不过几百年之后，以他为代表的儒家思想遍行于中华大地上，绵延数千年，也算是让人欣慰的事情了。

【原文呈现】子贡曰："夫子之文章①，可得而闻也。夫子之言性②与天道③，不可得而闻也。"

【难点注释】①文章：这里指古代有关礼乐、法度、文化等古代文献的学问。②性：人的本性。③天道：天命，古代指自然

和人类社会之间吉凶福祸的联系。

【大意试译】子贡说："老师关于诗书礼乐等文献方面的学问，我们可以听到；老师关于人性和天道的论述，我们却无法听到。"

【思维评析】从总体思想倾向上看，在尊天、敬鬼和尽人事之间，孔子更重视人事，这是先秦儒学的显著特色。因为天命不可知不可测，难以更改，而"尽人事"是君子可以务实而为的。所以孔子在教导学生时，多讲人伦，少讲天命。在子贡看来，孔子所讲的礼乐诗书等具体知识是有形的，只靠耳闻就可以学到了，但关于人性与天道的理论，深奥神秘，不是通过耳闻就可以学到的，必须从内心出发去深入思考，才有可能把握得住。

【故事解读】在中国近代一百多年的苦难历史里，很多仁人义士都在探索救国救民的道路，有农民阶级掀起的太平天国运动、义和团运动；有以洋务派为首的地主阶级进行的洋务运动；有资产阶级发动的戊戌变法、辛亥革命，有激进民主主义者掀起的新文化运动；还有学生和无产阶级掀起的五四运动，他们最终都没有完成反帝反封建任务，没有改变中国半殖民地半封建社会性质，中国人民仍处于外国列强的铁蹄之下，在水深火热之中挣扎。直到中国共产党出现，中国的近代史才慢慢在转折中走向了光明。

孔子时代的"道"，转化成现代的语言，可能就是社会和自然规律。

【原文呈现】子曰："性相近也，习相远也。"

【大意试译】先生说："人（或生命）先天具有的纯真本性，互相之间是接近的，而后天养成的习性，却互相之间差异甚大。"

【思维评析】孔子认为人的先天本性是相近的，人后天之所以在政治地位、个人成就等方面出现较大差别，是由于后天不同的生活环境、教育培养，乃至个人不同的努力程度造成的。从此点出发，孟子和荀子区别提出了性善论和性恶论，两者的思想基石皆是孔子的性近习远学说。孔子虽然认为人们性相近，习相远，却并未看不起家庭环境比较差的学生，而是提出了"有教无类"的教育主张，想为每一个受教育者创造一个接受良好教育的机会。这便是孔子作为教育家的慈悲之心了。

【故事解读】1988 年，哥伦比亚的一个医院里同时出生了两对同卵双胞胎婴儿。但是由于医护人员工作失误，把他们四个搞混了。一番机缘巧合之后，这四个孩子多年后终于相认，但二十多年的错位人生已经没有回头的可能。双胞胎的其中一对是威廉和豪尔赫，豪尔赫在相对富裕的亲生父母家庭长大，最终成为一名设计师，然而被抱到相对贫困家庭的威廉最后成了一个屠夫。威廉曾经入伍，表现优异，拿到了唯一的奖学金名额，将要走上军官晋升之路。但由于没有高中文凭，威廉最终失去了这个机会。而威廉当初辍学就是因为家里贫困，无力为他就近安排宿舍、购买校服以及支付学费。如果他们出生时没有被抱错的话，威廉就可能不会成为一个屠夫，他会在城里上学，接受教育，会有不一样的人生。

两兄弟虽然性情相似，但是在不同的环境下长大，最终拥有了不同的人生。

【原文呈现】子曰："莫我知也夫！"子贡曰："何为其莫知子也？"子曰："不怨天，不尤人，下学而上达①，知我者其天乎！"

【难点注释】①下学而上达：一说，只在下处学，渐往上处达；一说，下学人事，上达天命。

【大意试译】先生说："没有人了解我啊！"子贡说："为什么没有人了解您呢？"孔子说："我不埋怨天，不怪别人，学习一些平常的知识，却了解了很高的道理。了解我的大概只有天了吧！"

【思维评析】"不怨天，不尤人"是君子人格的体现，君子遇见阻碍时，求之于己，而非埋怨上天，责怪别人。于内修身，于事尽心，于外听天命，在命运的洪流之下保持一种不卑不亢的风度。孔子在做到这一点的情况下，博学慎思，下学上达以知天命，可是却难以在混浊的世道寻找到知音。这个知音可能是观点相契的同道，也可能是赏识他治世理念的君王。颜回已死，孔子学说难行于天下，道阻且长，孔子虽知晓天道泱泱，历史车轮定会前行，可惜他生得太早，春秋之时容不下儒家治世，前瞻的圣人必然寂寞，所以有"知我者其天乎"的感叹。

【故事解读】西楚霸王项羽，少年英武，从小跟随叔父项梁流亡，后册立楚王，南征北战，统帅诸侯，成为实际上的掌权者。他能征善战，战场上豪气盖世，叱咤风云。巨鹿之战，项羽破釜沉舟，以寡击众，全歼秦军主力；楚汉战争中，破田荣，救彭成，救荣阳，夺成皋。他一生大战数十次，多获胜利。所以，古人称他"有百战百胜之才"。然而项羽生性傲慢，他行为残暴，活埋秦降卒二十万余。入关后，火烧秦宫，大火三月不息。项羽自恃武功以威慑诸侯，缺乏远见，不争取同盟，又妒贤嫉能，不能用人，招致众叛亲离，军心涣散，虽然屡战屡胜，却由盛而衰。最后项羽被刘邦打败，却依旧将自己失败原因归于上天，认为"天亡我，非战之罪"，怨天尤人，不懂自省，项羽之亡也是必然的了。

天道泱泱，"不怨天，不尤人"，修己身，尽人事，在命运面前不卑不亢，这样的人就容易成功。

【思考与探究】

1. 天命的本质是什么？

2. 为何孔子不言鬼神，却言天命？

【练习与活动】

近年出国留学人员约 80% 选择了毕业回国发展，而此前多数出国留学人员会选择留在海外，请你根据这个变化谈谈国家命运、个人命运与"天命"的关系。

第二十一课　时、欲、利、质、文

　　走进本课，会看到许多让你停下深思的东西。时光流逝，昼夜不舍，人生应该如何度过？刚毅和欲望之间有什么冲突吗？"利"与"义"如何协调？"文"与"质"是对立的吗？辩证地去思考，相信你会有不一样的人生收获。

　　【原文呈现】子在川上，曰："逝者如斯夫！不舍昼夜。"

　　【大意试译】先生在河边说："逝去的就像这河水啊！日夜不停歇地奔涌向前。"

　　【思维评析】孔子言说时，喜用类比。时光之一去不返，类似于水流奔涌不歇。时光易逝，韶华难留。有惜时之意显豁。

　　【故事解读】苏联昆虫学家、哲学家、数学家柳比歇夫，在26岁时独创了一种"时间统计法"，记录每件事花费的时间，通过统计和分析，进行月小结和年终总结，以此来改进工作方法、计划未来事务，从而提高对时间的利用效率。其间他不断完善这一方法，并一直沿用到他逝世。所有的人都没有想到柳比歇夫留下的遗产有这么多。他一生写了七十余部学术著作，其中有分散分析、生物分类学、昆虫学方面的经典著作，这些著作在国外被

广为翻译出版。

孔子说："逝者如斯夫！不舍昼夜。"时间一去不返，人的一生时光短暂。而柳比歇夫通过严谨的时间管理法，将这流逝的时间掌控在手中，不懈努力，最终取得了巨大的成就。

【原文呈现】子曰："吾未见刚①者。"或对曰："申枨②。"子曰："枨也欲③，焉得刚？"

【难点注释】①刚：坚强，刚毅不屈。②申枨（chéng）：孔子的学生，姓申，名枨，字周。③欲：欲望多。

【大意试译】先生说："我没见过刚毅不屈的人。"有人回答说："申枨是刚毅的人。"先生说："申枨欲望太多，哪里能做到刚毅不屈呢？"

【思维评析】本条目探讨人之欲。人若无欲，则少上进精神，若欲望太多，则难以刚毅不屈。人的欲望应该控制在一定的范围内，欲望太少则难以奋发向上，欲望太多则易沉沦其中，无法持清明之志。孔子反对的应该是欲望太多的情况，并非一味否定欲望。我们在学习生活中应该正确对待欲望，既要通过正常的途径去实现欲望，也要防止欲望过于膨胀压制了理性。把欲望熔铸在理想之中，是比较好的做法。

【故事解读】1925 年初秋，弘一法师李叔同因战事滞留宁波七塔寺。一天，他的老友夏丏尊来拜访。正好弘一法师在吃饭，夏丏尊看到他的桌上只有一道咸菜，就问道："这咸菜会不会太咸啊？""咸有咸的味道。"弘一法师回答道。吃完饭后，弘一法师倒了一杯白开水喝。夏丏尊又问："你怎么不放一点茶叶呢？怎么喝这平淡的开水？"弘一法师笑着说："开水虽淡，淡也有淡的味道。"

弘一法师经历过人生的大繁华，最终选择了出家，过淡泊的生活。"咸有咸的味道，淡有淡的味道"，这便是无欲无求的风度。人的欲望太多，容易被人从内部攻破，不仅不容易做到刚毅不屈，也不容易快乐。

【原文呈现】子曰："放①于利而行，多怨。"

【难点注释】①放：同"仿"，依据。

【大意试译】先生说："依据个人利益而行动，会招来很多的怨恨。"

【思维评析】本条目其实谈的是义与利的问题。"放于利而行"，会招来怨恨，那应该如何而行呢？孔子的观点是应该遵从义的原则行事。公平是人类任何社会都追求的目标，但如果利益成为所有人的处世原则，则很难达到公平。如果将物质利益放在第一位，那么大多数社会成员将不择手段，不讲道义，社会风气将会极端恶劣，整个社会将会怨声载道。从个人的角度来讲，如果一个人极端追求利己，那么他在竞争环境下可能会通过一些不正当的手段损害他人利益，谋求自己的私利，这样的人一定会招来人们的怨恨。因此我们在做事的时候，既要争取正当利益，又要注意遵守社会规则、道德原则。

【故事解读】新冠疫情发生之初，中国就第一时间向世卫组织分享病毒基因序列信息，发布数版诊疗和防控方案，译成多语种与各国分享；疫情全球大流行，中国派出 30 多支医疗专家组，向 150 多个国家和国际、地区组织提供医疗物资援助；疫苗问世后，中国不仅向数十个发展中国家提供疫苗援助，还将给国际"新冠肺炎疫苗实施计划"提供 1000 万剂疫苗，主要用于发展中国家急需……历史一次次证明，只有义利兼顾才能义利兼得，"唯利至上"往往事与愿违、得不偿失。没有哪个国家能够独自战胜疫情，也没有哪个国家能够独自获得免疫。无论是从科学角度看，还是于经济利益计，"疫苗自私"都是极其短视的做法。这不仅会拖全球抗疫后腿，还将在不同国家和群体间人为制造

"免疫鸿沟"、加剧"发展鸿沟",给世界带来更大的风险。

君子爱财取之有道。真正的君子还应有资助、关爱他人的"义举"。

【原文呈现】棘子成①曰:"君子质②而已矣,何以文③为?"子贡曰:"惜乎! 夫子之说君子也,驷不及舌④。文犹质也,质犹文也。虎豹之鞟⑤,犹犬羊之鞟。"

【难点注释】①棘子成:卫国的大夫。②质:纯朴的内容、思想、修养等。③文:花纹,文采,即外在的形式及文辞、礼仪等修养。④驷(sì)不及舌:指话说出口就追不回来了。驷,四匹马拉的车。⑤鞟(kuò):去掉毛的兽皮。

【大意试译】棘子成说:"君子有内在修养就行了,何必要外在的文辞礼仪呢?"子贡说:"可惜啊! 先生这样谈君子。话说出口,就是四匹马拉的车也追不回来了。文采和本质一样重要。拔了毛的虎豹皮和拔了毛的犬羊皮没什么不同。"

【思维评析】这里是在讲表里如一的问题。棘子成认为作为君子只要有好的品质就可以了,不需要外在的文采。但子贡反对这种说法。他的意思是,良好的本质应当有适当的表现形式;否则,本质再好,也无法显现出来。

【故事解读】据《光明日报》(2020 年 9 月 28 日)载:山西临汾,一座以黄河文明、历史古迹、美食美酒闻名的城市,如今,正以另一类特殊"景点"走红网络。一批外观设计类似紫禁城、鸟巢、城堡、庭院的五星级公厕,成为不少游客拍照的地点,甚至吸引了外国游客专门前来打卡,据悉这样的公厕在临汾有 360 座。公厕也能让人"到此一游?"视频中,一句餐厅里常常听见的服务语——"欢迎下次光临",被拿来介绍公厕,其实并没有给人以太多的违和感,反而透露出一种文明的底气。当人们不论身处高楼大厦、临街超市,还是老旧小区、胡同小巷,都

能对解决个人的"方便"问题没有后顾之忧，甚至还能欣赏公厕的外观设计，感受内部提供面巾纸、洗手液、香薰环境等各类人性化服务，就是在细节中感受一座城市管理的"温度"和城市文明的进步。让公厕"内外兼修"，就是让干净、文明、便民体现在城市的每一个角落。

"文质彬彬"应该是个人、城市乃至整个国家修炼的目标和境界。

【思考与探究】

1."欲"与"刚"真的是对立的吗？

2."义"与"利"如何才能兼顾呢？

【练习与活动】

林则徐有联："海纳百川，有容乃大；壁立千仞，无欲则刚。"结合现实社会中的各种事例，思考"无欲"是否一定"则刚"。

第二十二课　真、善、美

　　我们从小到大经常听到"真善美"这个词，"真善美"到底是什么呢？这三个字之间有何关联？在本课中，我们只看见了一个很小的片段，孔子在这里评价乐舞，认为其中一个符合美和善的标准；另一个美则美矣，却未尽善。他对音乐的评价标准最终指向了君主的品德，这是一件很有意思的事情。

　　【原文呈现】子谓韶①，"尽美②矣，又尽善③也。"谓武④，"尽美矣，未尽善也。"

　　【难点注释】①韶（sháo）：上古虞舜时的乐舞名。尧禅（shàn）让帝位给虞舜，乐舞表现一种和睦的特色，所以说"尽善"。②美：指乐舞的声貌、形式美好。③善：指乐舞的内容意义美好。④武：周代表现武王伐纣的乐舞。孔子认为武王伐纣是顺应民心的，但毕竟是征讨了帝王，所以"未尽善"。

　　【大意试译】先生谈论《韶》说："美极了，而且好极了。"谈论《武》时，他说："美极了，却还不够好。"

　　【思维评析】孔子在这里对音乐的评价不只是针对音乐本身，更注重音乐背后所反映的时代风尚。仅从音乐本身而言，《韶》

和《武》都是很美的音乐，但是《韶》反映的是尧时期的时代气度，有和睦之美，《武》反映的是武王伐纣的乐舞，毕竟有征伐之意，所以"未尽善"。在孔子这里，艺术的形式与艺术所反映的内容是分开评价的。

【故事解读】商纣王时期一位颇有名望的音乐家师延，为了讨好纣王，专门为纣王作了被后人称为"亡国之音"的"北里之舞，靡靡之乐"。有资料记载，纣王穷奢极欲，在沙丘这个地方挖了"酒池"，造了"肉林"，在那里演奏师延作的乐舞"北里之舞，靡靡之乐"，还叫众多赤身裸体的男女通宵达旦地追逐嬉戏。"多行不义必自毙"，商朝最终在纣王手里终结。师延在周武王伐纣时，也知道自己罪孽深重，仓皇出逃，逃到一个叫濮水的地方，感到前途渺茫，无路可走，于是投河自尽。

孔子认为《韶》尽善尽美，《武》尽美却未尽善，师延为纣王所做的音乐那便是靡靡之音、亡国之曲了。音乐往往能够反映时代特征，擅长音乐的人能够在里面感受到时代的气度。

【思考与探究】

辨析"美"与"善"的关系。

【练习与活动】

请你举一个尽美却未尽善，或者尽善却未尽美的例子，并简要剖析。

后　记

　　人们都明白一个道理：生育我们的父母是不可以选择和改变的，包括《论语》在内的文化元典，无疑是中华民族精神文化之母，当然不可不读。奇怪的是，长期以来，文化元典读不读，居然会成为讨论的话题，以至于读"经"活动时冷时热。

　　这悖逆常识，脱离常态。

　　如何读？有一个价值取向的问题。我们基本取向是：基于《论语》经典文本，以使学生习得有效的思维方式方法、全面培养他们的思维能力、整体提升思维品质为价值标准，区分元典中正面价值思维文本和负面价值思维文本（所谓正面价值思维文本是指有益于完善学生价值观和提升思维能力、优化其思维品质的文本素材，否则就是负面价值思维文本或零价值思维文本），引导学生对负面价值思维文本进行批判性思考，重点对正面价值思维文本进行开发和学习。

　　基于上述理念，我们开展了"四川省中小学教育专家培养对象专项课题""以《论语》为基点的思维教育应用研究"（川教函〔2015〕8号）的研究，此书就是该课题研究的成果之一；同时，在历时近十年的研究历程中，我们在郫都一中、成都树德中学

（外国语校区）、双流中学和泸州高中等校开展课堂教学研究，在郫都区图书馆、宁夏银川市、黑龙江佳木斯、广东江门等地开设讲座，并通过网络平台开设讲座和发表专栏文章，各项实践活动反馈良好。

以我等的学养来编写解读《论语》思维的导读，显然是大胆的行为。但念及世间之事都贵在尝试，况且我们自信有关理念和路径是正确的。对尝试之中发现的不足，我们将力求改进。

最后，感谢成都市教育局、四川大学出版社、郫都一中等有关学校以及张伟教授、袁文所长、薛涓博士、梁平主任、陈克坚老师的支持和付出，有关领导的决策支持和各位专家的帮助，使本书得以出版面世。

著　者

2020 年 11 月 26 日